視野 起於前瞻，成於繼往知來

Find directions with a broader VIEW

寶鼎出版

懲罰貧窮

大數據橫行的自動化時代，隱藏在演算法之下的不平等歧視

AUTOMATING INEQUALITY

How High-Tech Tools Profile, Police, and Punish the Poor

VIRGINIA EUBANKS

維吉妮亞・尤班克斯 ———— 著　洪慧芳 ———— 譯

作者的話

本書之美國原文版將捐出一半版稅給匹茲堡少年法庭專案、印第安納波利斯的印第安納法律服務處和洛杉磯社群行動網（LA CAN）。

目錄
contents

目錄 contents

謹獻給蘇菲

國外好評

「這本書十分駭人。不過，讀了以後，你將變得更精明，更有能力去尋求正義。」——娜歐蜜．克萊恩（Naomi Klein）／《*NO LOGO*》作者

「尤班克斯在書中精采地記錄了自動化時代『另一半的人如何生活』，並揭露一道新的數位鴻溝：一個使最邊緣化的社群身陷困境的全面監控網路。這本震懾人心、發人深省、充滿人道關懷的好書，揭露了資料導向的政策所造成的反烏托邦，並敦促眾人創造一個更公正的社會。」——阿朗卓．尼爾森（Alondra Nelson）／《DNA的社會生活》（*The Social Life of DNA*）作者

「在這本發人深省的好書中，尤班克斯讓我們看到，現代社會雖有表面的改革，但我們針對弱勢族群所制訂的政策，依然是由古老的濟貧法所主導，而那些法條只會排擠並懲罰社群中最貧困的人。」——弗朗西絲・福克斯・派文（Frances Fox Piven）／《規範窮人》（*Regulation the Poor*）作者

「這是今年最重要的科技好書。如今每個人都擔心網路對民主的影響，但尤班克斯指出，我們面臨的問題遠比『假新聞』更嚴重——自動化系統鞏固了社會與經濟不平等，破壞私人與公共福利。尤班克斯深入研究歷史與報告，幫大家更瞭解我們面臨的政治與數位力量，以便更有效地反擊。」——阿斯特拉・泰勒（Astra Taylor）／《人民平臺》（*The People's Platform: Taking Back Power and Culture in the Digital Age*）作者

「這本書清楚地揭露美國的體制（從執法到醫療、再到社會服務）日益懲罰窮人，尤其是有色人種。如果你擔心美國現代工具的不平等，這是一本必讀的好書。」——桃樂西・羅伯茲（Dorothy Roberts）／《殺死黑人》（*Killing the Black Body*）與《瓦解的關連》（*Shattered Bonds*）作者

「這本書是寫給所有人看的，包括社群領袖、學者、律師、接受政府援助的人以及需要更深入瞭解『靠數位產業致富的國家如何利用技術來創造並維持永久性下層階級』的人。這是為我們這個時代撰寫的書。」——馬基亞．西里爾（Malkia A. Cyril）／媒體正義中心的執行董事與共同創辦人

「想瞭解資訊科技對美國邊緣化人口的社會影響，這本書是近期最重要的書籍。當我們開始討論人工智慧危害人類的可能性時，尤班克斯的這本書應該列入必讀書單。」——伊森．佐克曼（Ethan Zuckerman）／麻省理工學院公民媒體中心主任

「內容驚人，精采萬分……誠如尤班克斯所述，自動化加上不顧道德又講究效率的新技術，不僅威脅到那些社會視為可有可無的數百萬人，也威脅到民主。如果你想瞭解這個數位夢魘如何深入我們的體制並試圖規範我們的生活及你該如何挑戰它，這是一本必讀的好書。」——亨利．吉羅（Henry Giroux）／《身陷險境的大眾》（*The Public in Peril : Trump and the Menace of American Authoritarianism*）作者

「這是一個扣人心弦的精采故事，講述不良資料、劣質軟體、無能或腐敗官僚如何把弱勢族群的生活搞得天翻地覆。現在的治理往往隱藏在令人費解的法律與程式碼的背後，每個人都應該讀一讀這本書，以瞭解現代治理的實際運作。」——法蘭克・帕斯夸（Frank Pasquale）／《黑盒子社會》（*The Blackbox Society: The Secret Algorithms That Control Money and Information*）作者

「尤班克斯的新書講述正在興起的監控國家，這個精采的故事令人震驚。『數位濟貧院』不斷擴大網絡，與其說是為了幫助窮人，不如說是為了管理、約束、懲罰窮人。閱讀這本書，並加入尤班克斯的行列，一起反對這個網絡所造成的不公正吧。」——桑福德・施拉姆（Sanford Schram）／《福利用語》（*Words of Welfare*）與《懲罰窮人》（*Disciplining the Poor*）作者

推薦序

小心AI：從諍友到盟友的人文社會介入

林文源／清華大學人文社會AI應用與發展研究中心主任、通識教育中心教授

大數據、AI目前受到各界重視，儼然成為數位未來的主流。金融、產業、政治、醫療和公共服務等各領域的決策，爭先建構革命性的AI平臺。希望藉由更多數據的分析，能帶來更具洞見、更為客觀、更具生產力的美麗新世界。

在這過程中，不但愈形複雜的機器學習結果仍有無法解釋因果關係的問題，對於多數不瞭解演算法技術的讀者來說，這個趨勢可能有哪些問題？而我們又能做什麼呢？是AI應許美麗新世界之餘的隱憂。

這些變化的速度各地不同，但他山之石可以攻錯。美國的科技與制度領先優勢已將不少自動化決策系統引入公共治理。也在此背景下，本書《懲罰貧窮》揭

露新AI科技與社會如何加重體制懲罰窮人的老問題。

長期關注貧窮與弱勢問題的研究者維吉妮亞．尤班克斯從具體個案處境，追溯美國醫療補助、社福津貼、住屋分配的公共治理體制形成歷史，並系統化地闡述新的AI資料探勘、政策演算法、預測性風險模型等，對窮人與勞工階層的影響。她指出，當號稱更具效率與合理性的技術想像，掩飾了針對「福利依賴者」的偏見與歧視時，在AI技術表象下，不當的資料與演算法，結合缺乏合理配套與監督時，AI科技更為加重針對窮人的侵入與懲罰。更不用說當其中包藏政治企圖，以及設計有瑕疵時，更容易造成不公平的結果。

然而，這些問題並不是AI獨有。雖然AI的科技與社會安排的確造成獨特影響，可是，刻板印象、偏見、政治操作，不當資料、技術與制度瑕疵等都是常見於體制的問題。作者不時提到，現有各種福利制度也不盡如人意。但如當事者所說，現有以社工等「人力」為第一線的制度，有機會瞭解當事人的脈絡而有變通與更合理處置的彈性。然而，相對地，我們也可瞭解導入AI的部分關鍵，也正是希望降低個人詮釋與判斷所造成的誤差。利與害間的拿捏與安排，則考驗主事者的智慧。

面對新科技與老問題，在臺灣的我們要如何閱讀這些美國經驗？如何借鏡作者的發現？或許，一種可能讀法不是拒斥AI，而是如作者所做的：瞭解AI，深入探索AI如何進入體制，造成哪些新問題，又需要如何補強。因此，本書的批評展示一種補救式的批判介入。

相較於本書成為美國AI化公共治理的諍友，本地公共治理如何結合AI仍在嘗試階段。作為後起優勢，連同本書，已有許多前車之鑑提醒我們，AI不只有演算法。無論從問題型構、資料探勘、標註訓練資料集與建置、演算法模型，乃至政策配套與制度化監督等，公共治理的AI需要多領域的專業視野引導與參與。不但需要人文社會領域研究者長期研究本地人類行為與文化，瞭解各種公共治理與體制脈絡，還有關心公共事務的各種社會團體與利害關係人，更應當是公共治理AI發展中，參與型構問題、建置資料、發展配套制度時，不可或缺的盟友，而不只是事後問題發生時的諍友。

尤其是各地制度與文化、資料差異，許多公共治理的AI技術，勢必要仰賴深入各地脈絡與經驗的瞭解為基礎。而這也是當前筆者與許多團隊合作，正在邀集人文社會領域專業的參與，與技術領域同仁一同推動「公共化AI」的嘗試。謹此，期待本地在朝向AI化公共治理時，能納入更多專業盟友的協作，發展更趨近公共性理想的配套，以促成較適當的AI發展。

製造貧窮冤案的演算法

洪敬舒／臺灣勞工陣線研究部主任

貧窮其實是人工產物。打從一六〇一年英國推出《伊莉莎白濟貧法》至今四百多年，貧窮未曾消失反倒更加惡化，以致於聯合國也不得不將消滅貧窮（no poverty）列為「永續發展目標」（SDGs）的第一目標，可見被大規模量產的貧窮已對社會造成嚴重危害。只不過任誰也想不到，舊式濟貧機制的遺毒尚未消除，來自數位演算法的新威脅已經敲著貧苦家庭的大門。

為了因應貧窮，過去各國運用統計調查精算貧窮線的做法，無可避免地犧牲掉部分福利需求者。如今被作者稱為「數位濟貧院」的福利演算法，卻更加危險。一旦救助決策權被徹底交托數位審查，只要一個小小的數據 bug 就會演變成集體災難；因為我們總認為電腦不會出錯，所以通常得等到大量錯誤發生，才會對程序進行除錯。尤其是作者維吉妮亞・尤班克斯實際考察數位工具套用於社福制度，其結果也指明，比起過去由人來計算執行的濟貧機制，數位濟貧院將製造出更多的「貧窮冤案」。

冤案具體來自於二項主因。一方面，數位福利系統看似快速精準，卻讓人忽略了設計者對於貧窮的歧視及偏誤，也會完美的複製在程式之中。一如尤班克斯直白地指出，貧困管理科技不僅不中立，更只對窮人與勞工進行從嚴審查，因為隱藏在數據背後，仍是美國政府「畏懼經濟不穩定又仇視窮人」的防弊邏輯。

另一方面大數據對列冊者的勞動、支出、性行為與子女教養展開全方位監管，用以預測未來行為，但是成千上萬家庭及個人的複雜差異，最終被機械性的回歸分類的結果，非但未能提供細致的個別化支持，反而創造出大規模的「數位排除」。

相似案例也曾在國內發生。二〇二〇年疫情爆發之際，行政院第一版紓困方案就直接排除掉十多萬名以零工或自營作業維生的無保者，問題癥結同樣源於「自動化決策機制」。本書雖著墨於美國的濟貧制度與社會現狀，若持續盲目地相信演算法，誰也難保它不會奉效率之名，悄然無聲地接管我們的生活。

每人都有貧窮之處，也都可能因之受懲罰

張國暉／臺灣大學國家發展研究所副教授、風險社會及政策研究中心研究員

相信許多讀者都曾發生因忘了攜帶證件或憑證，而失去享有折扣、優惠，甚至被拒絕的窘境。不過，近年來，相信也應有些讀者逐漸發覺到，當證件或憑證都改成數位資料存在手機後，就可免去這種擔心而感受到便利，「讚嘆」有手機真好。

然而，另一方面，相信應該也有不少讀者們，常不時接到自己被誤認身分的來電，即便經自己反覆向對方澄清，但還是每隔一段時間就打來，煩得頗為困擾。就像我自己常接到補習班來電，劈頭就問我是不是我外甥女的爸爸，然後很快地向我推銷給她的課程，但我臉上三條線都已直畫到腳底了。我自覺這情形已有數年之久，但顯然補習班的電腦資料就是一直錯誤的註記著，來電的員工也改不了，

我只能「喟嘆」恐怕得等到外甥女讀大學後才會消停吧。至於這數位錯誤之前究竟是怎麼形成？大概水太深，頗難弄清。

不論是讚嘆或喟嘆的經驗，隨著資通訊科技的發達，相信未來大概就只會愈來愈多。但是，我們有樂觀期待多增加讚嘆而減少喟嘆的可能嗎？很無奈的是，這個可能性很低。畢竟，當資通訊科技更加連結上商業市場或政府治理後，它的基本運作邏輯並不在為民眾增多讚嘆、減少喟嘆，而是如何增加利潤或提升它自認的行政效率。

簡要來說，民眾就常只是客體，而不是主體。然而，主體就必是像臉書、蘋果、谷歌等巨頭公司嗎？又或是各國政府呢？恐也未盡如此。其實，主體很可能是資通訊科技再加上巨量資料及人工智慧演算，隨時且自動地收集、歸類、分析資料。然後，由它定義、甚而決定民眾的身分、政府的工作、商業公司的經營策略等。

畢竟，當前民眾多已永不斷網，不停地餵養及協助資通訊科技，讓自己被累積更多且無法消除的數位註記，進而讓它更懂你自己，甚至由之定義你是誰。就像當你在臉書上按了五十個讚，它就比睡在你身旁的伴侶更懂你；若按讚一百個，它可能就比你更懂你自己了。

不過，或許更值得嘆息的是，這樣的風險或失控並非普遍性的。就像肥胖通常是貧窮的學生，將來愈被資通訊科技所支配者，其實也多是經濟弱勢。這聽來頗令人感到心酸、不平，正如本書所提令人既悲傷又憤慨的精采故事。相信讀者們隨著書中體會個中細節及滋味後，也不禁感概發問為何就已貧窮，卻還遭受懲罰？且又惡性循環下去？難道這就是當代的馬太效應？

最後，我建議讀者們擴大視角，再試想所謂貧窮是否就偈限在財富來看？若擴大到時間、健康及情感等面向，那麼幾乎每個人都會面臨其中一種、甚至數種貧窮。接著，資通訊科技的發達很可能就會針對每個人的不同貧窮而施加懲罰。這聽來或許有些恐怖，但建議不妨先試想那懲罰會是什麼樣子？又將如何因應呢？

推薦序

當科技從「管理貧窮」成為「懲罰貧窮」的遮羞布

張烽益／臺灣勞動與社會政策研究協會執行長

讀了《懲罰貧窮》之後，你會深深感覺美國的貧富差距與種族衝突，大到令人難以想像；美國白人對有色人種懶惰、好逸惡勞的刻板印象，是一種長期具有歷史性的累積，更是令人吃驚。

本書作者首先對於美國貧窮的形成，進行歷史考察，然後逐步揭露美國白人政治菁英要求政府體系如何篩選濟貧，「不要把資源給那些懶惰偷懶的假窮人」，是主流民意，也是民選首長的執政要務。

眾所皆知，美國的貧富差距非常巨大，而且不斷擴大當中，美國的種族與階級的分隔，是同一條分界線，有色人種幾乎等於窮人。美國這個高度強調個人競爭傳統的社會，把窮人歸因於個人因素，因此有錢人要捐贈灑錢或是政府要濟貧，就必須進行「貧窮管理」的福利管理系統，把那些有工作能力與進行奢侈性消費的人揪出來，這樣才是公平的，這也就是所謂的「科學慈善運動」。

因此，美國的政府濟貧體系，隨著科技的發展，從紙本人工個案式管控，人與人面對面的社工人員的輔導，轉變成線上AI演算法的資格審查，從人性情感互動關懷轉變成冷酷的線上篩選，人工智慧、大數據分析、生物辨識等等新創科技的發展，逐漸被運用到即時篩選過濾窮人領取各類社會福利的資格審查的「貧窮管理」領域，結果這種數位科技的效率變成了「懲罰貧窮」的手段。

本書作者以印第安納州政府為了減少醫療補助浪費，為納稅人省錢，且民選州長堅持福利私有化的意識形態，加上先入為主的偏見，對黑人進行不必要多餘的線上申請審核而開發的「資格認證自動化系統」。該系統導致資格審查的非人性，社工個案調查人員變成資料管理員在資料庫中自動化調查，造成申訴個案爆炸，現場面談大爆炸，食物券等福利發不出去，成效大減，中央抱怨地方政府的績效。

接著作者又以洛杉磯市政府為了協助無家可歸者能順利找到適合的租屋與社會住宅所開發出來的「協調入住線上媒合平臺」為例，一個立意良好的構想，卻因與犯罪系統連結之後，產生了相反的效果。

最後，作者再以匹茲堡阿勒格尼郡的「家庭篩查工具」為例，本來是為了預測受虐兒童的可能發生，結果卻造成過度監控窮人的結果，進而產生多起電腦系統的評分預測錯誤，發出強制令，由政府干涉並介入家庭父母的教育方式；一旦抗拒系統指令，父母可能會失去小孩的教養監護權，因而發生許多爭議。

本書作者藉由上述三個美國官方實際開發出來的管理貧窮電腦系統的執行狀況，實際訪談了接受救濟者與社工人員的第一手資料，告訴了我們，科技發展從來就不是中性的，誰掌握與如何運用才是關鍵，在美國由官方所開發的「管理貧窮」科技工具，已經成為「懲罰貧窮」的遮羞布。

推薦序

從故事與數字，正視科技造成的貧困問題

劉揚銘／自由作家

到開始寫這本書的二〇一四年為止，作者維吉妮亞．尤班克斯思考「科技與貧困」的問題已經二十年了。本書帶讀者橫越美國，從印第安納州的低收入補助、洛杉磯貧民區住房問題、到匹茲堡兒童受虐與忽視提報系統，訪談弱勢者、社福工作者、政府機關等，每次實地考察都經歷有血有肉的真實人生，有些故事甚至追蹤兩年半以上才得以完成，而主題是：演算法、機器學習、大數據……這些科技名詞在資本世界被視為新商機，但在社會弱勢的眼中，卻很可能是加重貧富差距的根源。

金融海嘯以來，美國政府打著「花更少錢做更多事，讓真正需要幫助的人獲得幫助」的名義，花大錢在社會福利資料管理的專案，然而其中許多「貧困管理」

的科技並非中性，而是基於畏懼又仇視窮人的前提所設計出來的；對於「誰有資格取得社福補助？」這個問題，資料庫與演算法取代社福人員的第一線接觸，這些新制度限制了窮人與勞工階級的機會，又進一步造成更多貧窮經驗，帶來惡性循環。

甚至作者本人都遭遇這個問題——她的男友深夜在街頭被莫名毆打成重傷昏迷，需要手術重建頭骨與下顎，卻在最需要醫療保險時被判定失去資格，理由很可能是被系統演算法視為保險詐騙。期待社會安全網伸出援手的弱勢者、罕見疾病者、無家者、受虐兒童，因為跟不上全新的科技化資料政策而失去原有補助，或者被演算法與資料庫判斷成詐騙而失去資格，或者身為離群值而不被系統所接受……。

政府投入新資料系統的大筆預算，原意是「協助」社福工作者判斷補助資格，實際上時常變成人主動「配合」演算法，社福人員「接到舉報，開始研究後，發現系統算出來的分數和自己的研究不符，通常表示你遺漏了什麼。」人成為系統的奴隸，增加的卻是一個個流離失所、再也沒機會重拾人生的故事。

而針對貧窮、弱勢、無家可歸者申請補助的個資蒐集，一旦輸入資料庫便難以刪除，再進一步演變成追蹤、監控與搜查執法的根據，衍生出隱私與人權問題，讓讀者也能感同身受歧視與恐懼。

作者說：「人有成見，但你有機會改變人的觀點，卻無法修改數字。」資料、模型、演算法是否被濫用？資料制度是否基於歧視貧窮而設計？當問題明白攤開在眼前，我們是否願意正視？

推薦序

美麗新世界背後的數位不平等：美國社會福利的省思

呂建德／中正大學社會福利學系教授

我們據說已經進入一個大數據的時代：人工智慧、機器人、3D列印、量子電腦與大數據管理等先進技術模糊了物理世界、生物世界與數位世界的界線，所謂的真實（Reality）的定義與呈現變得更加多樣化。這些技術創新固然提高了生產與服務流程的生產力：大數據訓練人工智慧，利用演算法可以提高精準醫學的癌症辨識，臉部辨識系統解鎖智慧型手機。但是，如同聯合國經濟社會文化權利國際公約第二十五號一般性意見所警告的，也有可能帶來公民利益與風險的不公平分配。例如烏干達推動國家數位身分證系統，卻對婦女與老人可能形成社會排除的危害。美國白宮科技政策辦公室指出健康演算法低估了非洲裔美國人的腎臟疾病嚴重性，導致人民在保險給付上無法接受腎臟移植手術的風險。

如同本書所介紹的許多美國引進大數據進入各項福利審核的方案：洛杉磯的住房服務、對於兒童虐待家庭的風險評估、貧困家庭臨時援助計畫（Temporary Assistance to Needy Families，TANF）。無獨有偶，二〇二〇年哥倫比亞政府為了舒緩疫情對低所家戶的衝擊，建置了全新的紓困津貼發放系統Ingreso Solidario（西班牙文意指團結收入）。該系統每月定期會向未受任何現存社會福利方案涵蓋的民眾發放生活津貼，並以提供受武漢肺炎疫情影響的二百九十萬民眾紓困津貼為目標。這個系統具有高度效率性，因為人民無須提出任何證明文件與申請，也無需冗長的行政審查及資產調查過程，而是由系統透過大數據演算法立即就能擇定津貼發放對象與款項。

本書作者觀察到，時至今日，行政官僚已經逐漸習慣於將大部分決策交給精密的大型電腦，包括自動化的資格認定系統、排名演算法和具有所謂預測性的風險評估模型，其結果是造成作者所觀察的數位貧民窟，決定了：哪個社區（或群體）必須受到監管，哪些家庭可以獲得生活的資源，哪個應徵者可以進入決選的名單中，哪個懶漢會有福利詐欺的嫌疑。

這些導入大數據技術到社會福利系統資格認定與給付的創新設計固然簡化了許多行政流程，大大提高了服務輸送的效率與效能，但是，也衍生了許多倫理上的爭議。首先是削弱了社會給付的權利性格。民眾無法事先確認自己是否具備給付資格，獲得給付的過程彷彿是像抽樂透的隨機性中獎。同時，也彷彿是政府的恩給施惠，削弱了公民在貧困時享有社會給付與社會權利的面向。第二，數位福利系統運用各類所得資料庫（如財稅資料、健保系統等串接）計算人民的所得能力，並從而針對民眾社會脆弱程度予以評分，再據以決定給付資格。但是，這類演算法卻因為了避免民眾實行福利詐欺而無法對外公開演算資料。如此一來，個人無法對於系統演算的結果提出異議，公民提出對行政處分的訴願及複審權利被剝奪，無從落實民主監督。

第三，這套號稱客觀科學的方法以一種貌似嚴格的資料導向方法，將窮人區分為值得幫助與不值得幫助者。這套脫胎於美國一八一九年之後為因應經濟大蕭條後所產生的科學慈善運動（scientific charity movement），主張運用嚴格的調查方法對窮人進行道德分類，近一步達成社會控制與窮人診斷的效果。大數據方法運用結果變項，預測變項與資料驗證三個關鍵組成模型。運用這個預測模型，政府可以有效地對窮人進行規制與管理，甚至預測所謂的風險家庭。

最後，這套號稱是電腦大數據的運作也成為政府與政治人物規避政治責任的避風港。訴諸無人負責的演算法，對於給付對象與資格迴避的政治性討論，民主政治的課責性被挑戰。這些倫理的爭議與隱藏在進步演算法背後各種不平等的歧視都將在這本書中獲得充分的省思與檢討。

二十世紀初濟貧院很是普遍，所以常出現在低俗、理想化或詭異的明信片上。

∷示警

二〇一五年十月，就在我開始寫這本書一週後，我交往十三年的伴侶傑森從我們家附近（紐約州特洛伊市）的街角商店走回家時，慘遭四個男人襲擊。傑森善良又聰慧，他記得那天遭到第一次突襲之前，有人跟他要了一根菸，之後他只記得幾個模糊的片段：他在雜貨店的折疊椅上醒來，雜貨店的老闆叫他撐著點，警察問了他一些問題，救護車內斷斷續續出現一些光影與聲音。

至於其他的，他都不記得了，或許這樣也好。攻擊者打爛了他的下巴、二個眼窩、一邊顴骨，然後搶走他錢包裡的三十五美元。他出院時，整顆頭看起來像一個扭曲變形的爛南瓜，必須先靜候二週，讓腫脹消退後，才能動臉部重建手術。十月二十三日，整形醫生花了六個小時修復損傷，並以鈦板與微型骨釘重建傑森的頭骨，也將裂開的下巴縫合。

傑森的視力與聽力並未受損，算是不幸中的大幸。他承受著劇痛，但情緒還算穩定，而且只掉了一顆牙。社區鄰居團結起來幫助我們，持續送一些湯品與果昔來我們家。朋友也辦了一場籌款活動，幫我們分擔保險自付額、工資損失和其他意外的創傷與治療費用。儘管最初幾週我們充滿了恐懼，但依舊感到慶幸。

接著，手術結束幾天後，我去藥局幫傑森買止痛藥。藥劑師告訴我，那份處方被取消了，系統顯示我們沒有醫療保險。

我頓時陷入恐慌，馬上打電話給保險公司。經過層層的電話語音系統與線上等候，我終於和一位客服人員通話了。我解釋，我們的處方保險失效了。她以友善及關切的口吻說，電腦系統中沒有顯示我們投保的「起始日」。我說，那很奇怪，因為傑森申請的急診理賠已經支付了，當時應該已經有保險起始日了，後來我們的保險出了什麼問題嗎？

她跟我保證，這只是一個錯誤，是技術故障。她到後臺的資料庫做了修改，恢復了我們的處方保險。於是，當天稍晚，我拿到了傑森需要的止痛藥。但「保單離奇消失」這件事一直擱在我心頭，難以釋懷。我們九月收到保險卡，保險公司支付了十月八日急診室醫生與放射科醫生提供醫療服務的費用。那我們的保單怎麼會突然沒有了起始日呢？

我心神不寧地連上保險公司的網站，查閱我們的索賠記錄。十月十六日以前提出的索賠都已經支付了，但一週後的所有手術費用（逾六萬二千美元）都遭到否決。我再次打電話給保險公司，經過層層的電話語音系統與線上等候。這次，我不止是恐慌，更感到憤怒。客服人員一再告訴我，「系統說」我們的保險還沒生效，所以無法獲得保險給付；未承保時所提出的任何索賠，都會被否決。

我仔細思考後，不禁心頭一沉。傑森遭到突襲的前幾天，我才剛開始新的工作，我們更換了保險公司。傑森和我沒有結婚，他是以同居伴侶的身分投保。我們投保新的保險一週後，提出數萬美元的索賠單。缺少保險起始日可能是客服中心按錯鍵造成的。但我的直覺是，有一種演算法把我們挑了出來進行詐欺調查，而保險公司在調查完畢前暫停了我們的保險福利。總之，我的家人被「示警」了。

■ ■ ■ ■ ■

數位時代降臨以來，金融、就業、政治、醫療照護和公眾服務等領域的決策都經歷了革命性的變化。四十年前，幾乎所有影響我們生活的重大決定——舉凡我們是否獲得工作、貸款、保險、信貸或政府服務等，都是由真人承辦。他們常使用精算流程，使思維運作更像電腦而不是人類，但人類的判斷力依然主導那個時代。時至今日，我們已經把大部分的決策權交給精密的機器。自動化的資格認定系統、排名演算法和預測性的風險模型等，控制著哪個社區受到監管，哪些家庭獲得需要的資源，哪個應徵者進入決選名單，誰又有詐欺的嫌疑。

醫療詐欺（Health-care fraud）是真正存在的問題。聯邦調查局（FBI）的資料顯示，醫療詐欺每年導致雇主、投保人、納稅人付出近三百億美元，儘管大部分的成本是由保險公司承擔，而不是消費者。我不怪保險公司使用工具來辨識詐欺性的索賠，或甚至以工具來預測這類詐欺。但這種示警對人的影響，尤其當它導致關鍵的救命服務消失時，那可能是很大的災難。在你最脆弱、深愛的人承受劇痛的時候，頓失醫療保險會讓人感到走投無路，絕望無助。

我和保險公司搏鬥的同時，也照顧著傑森。他的眼睛腫得張不開，重建的下巴與眼窩痛得像灼傷一樣。我幫他碾碎藥片（止痛藥、抗生素、抗焦慮藥），把藥粉混入果昔。我扶他上廁所，找到他遇襲當晚所穿的衣服，並鼓起勇氣翻了翻那血跡斑斑的口袋。他在睡夢中夢到遇襲片段而驚醒時，我安撫他。面對親友持續給予我們的支持，我滿懷感激，也疲憊不堪。

我一遍又一遍地打客服電話，要求跟保險公司的主管交談，但客服人員告訴我，只有我的雇主可以跟他們的老闆對話。我向公司的人力資源部求助時，他們立即採取行動。幾天內，我們的保險就「恢復」了。我大大鬆了一口氣，我們因此能夠繼續就醫及安排治療，不必擔心醫療費用讓我們破產。然而，保險離奇消失的那個月所提出的索賠，依然遭到否決。我不得不費盡心力，逐一糾正它們。許多醫療帳單已變成催收帳款，每次收到可怕的粉紅色信封，都表示我必須從頭再來一遍：打電話給醫生、保險公司、催收公司。為了訂正一個遺漏的起始日所衍生的後果，我整整花了一年的時間。

我永遠不會知道，我家與保險公司的搏鬥是不是人為疏失所造成的不幸結果。但我們有充分的理由相信，偵測醫療詐欺的演算法鎖定我們作為調查的目標，因為我們具備了一些最常見的醫療違規指標：索賠是在新保單啟用不久後提出的；許多索賠項目是深夜提供的醫療服務；傑森的醫療處方包括管制藥物，例如幫他止痛的羥考酮（oxycodone）；我倆並非傳統的夫妻關係，保險公司可能質疑他身為「我的眷屬」這個身分。

保險公司一再告訴我，那是技術出錯造成的，資料庫裡少了幾個數字。但這就是被演算法盯住的情況：你感覺到數位雜訊中有一種模式，好像有一隻電眼鎖定你了，但你又無法明確指出究竟是哪裡出了問題。你遭到示警時，保險公司沒必要通知你。目前也沒有「陽光法」（又稱「資訊公開法」，sunshine law）迫使企業公布其詐欺偵測系統的內部細節。除了信用報告這個明顯的例外以外，我們幾乎很難接觸到那些影響我們人生際遇的方程式、演算法與模型。

■ ■ ■ ■ ■

我們的世界充斥著資訊哨兵，就像那個鎖定我家做詐欺調查的系統。數位安全警衛收集我們的資訊，推斷我們的行為，掌控我們的資源取得。有些監控是顯而易見的，例如街角的閉路攝影機、手機的全球定位系統記錄我們的行動、警方的無人機飛過示威現場的上空。但許多收集資訊及監控行為的裝置，是難以捉摸又看不見的程式碼，嵌在社群媒體的互動中，流過政府服務的應用程式，包覆在我們試用或購買的每件產品上。它們與社會生活的結構緊密地交織在一起，所以大多時候我們甚至沒注意到自己正受到觀察與分析。

我們都活在數位資料的新時代，但每個人的體驗不盡相同。我家的經歷還可以忍受，是因為我們可以取得資訊，可以自由支配時間，可以自主決定——中產階級常把這些事情視為理所當然。我對演算法決策有足夠的瞭解，所以立即懷疑我們已經成為詐欺調查鎖定的目標。我的彈性工作時間讓我可以花好幾個小時在電話上，處理我們的保險問題。我的雇主也關心我家人的福祉，肯為我辯護。我們一直認為我們有資格享有醫療保險，也因此傑森得到了他需要的治療。

我們也享有大量的物質資源。朋友的募捐活動為我們募得了一萬五千美元的淨額。我們用那筆錢僱了一名助手來幫傑森重返工作崗位，並用剩下的錢來支付保險自付額、收入損失及增加的食物與治療費用。那筆意外之財用完後，我們也花光了積蓄。接著，我們停止支付房貸。最後還申請了一張新的信用卡，累積了五千美元的卡債。我們需要一段時間才能從受襲事件及隨後的保險調查所造成的經濟與情感衝擊中恢復過來。但整體來說，我們還是幸運的。

然而，被數位決策系統鎖定時，不是每個人都能過得那麼好。有些家庭沒有我們享有的物質資源與社區支持。許多人不知道自己被數位系統鎖定了，或者沒有精力或專業知識還擊。或許最重要的是，我與傑森經歷的那種數位審查對許多人來說是家常便飯，而不是一次性的異常現象。

喬治．歐威爾（George Orwell）的著名小說《1984》寫錯了一點。老大哥不是在監視你，他是在監視我們。多數人之所以受到數位監控，是因為他是社群的成員，而不是獨立的個體。有色人種、移民、不討喜的宗教團體、性少數群體、窮人、其他受壓迫與剝削的人群，比優勢群體承受著更大的監控與追蹤負擔。

邊緣化的族群取得公共福利、穿過戒備森嚴的社區、進入醫療系統或跨越國界時，面臨更嚴密的資料收集。當主管機關運用那些資料來懷疑他們並做額外的審查時，那些資料也強化了他們的邊緣地位。那些被認為「不配」享有福利的弱勢群體，被挑出來面對懲罰性的公共政策及更嚴格的監控——於是，惡性循環就此開始。這是一種集體的示警，一種不公正的回饋循環。

例如，二〇一四年，緬因州（Maine）的共和黨州長保羅．勒佩吉（Paul LePage）打擊了該州從「貧困家庭臨時援助」（Temporary Assistance to Needy Families，TANF）領取微薄現金補貼的家庭。這些現金補貼是載入「電子福利轉帳卡」（EBT card）上，提取現金的時間與地點都會留下數位記錄。勒佩吉的政府挖掘了聯邦與州機構所收集的資料，編了一份清單，內有三千六百五十筆交易。那份清單顯示，那些交易的TANF受益者是從菸、酒舖和州外的提款機提領現金。隨後，這些資料以Google Docs的形式公開。

那段期間共有一百一十萬筆現金提款，勒佩吉發現的可疑交易僅占其中的百分之〇．〇三，而且資料只顯示現金是從哪裡提取的，而不是用在哪裡。但州長利用這些公開資料來暗示，TANF家庭用這些現金補貼來購買酒類、彩券、香菸，欺騙了納稅人。他以薄弱的資料來編造這些誤導的故事，偏偏立法者與中產階級都一股腦兒照單全收。

緬因州的立法機構因此提出一項法案，要求TANF家庭保留十二個月內的支出收據，以便州政府審查他們的開支。民主黨的議員敦促該州的州檢察長利用勒佩吉的名單來調查及起訴詐欺行為。州長提出一項法案，以禁止TANF受益人使用州外的提款機。這項提案根本無法遵循，明顯違憲，也無法執行，但這不是重點，而是政治作秀。那個提案本來就不會通過，提案的目的只是為了汙衊社福制度，強化一種文化敘事：那些領公共補助的人是犯罪、懶惰和浪費的癮君子。

■ ■ ■ ■ ■

看到勒佩吉使用EBT資料來追蹤及汙衊窮人與勞工階級的決策，我並不意外。截至二〇一四年，我思考及撰寫科技與貧困等主題已二十年了。我在社區技術中心任教，為基層的組織者舉辦數位正義研討會，帶領低收入住宅的女性參與設計專案，採訪了數百個福利與兒童保護服務的用戶與社會工作者，以瞭解他們使用政府科技的經驗。

我從事這些工作的最初十年，對於新資訊科技對美國經濟正義與政治活力的影響抱著謹慎樂觀的態度。在我的研究與組織活動中，我覺得在我的家鄉紐約州特洛伊市

（Troy），貧困勞工階級的婦女並不像其他學者與決策者所想的那樣「科技貧乏」。她們的生活中，隨處可見資料導向的系統，尤其在工資低的工作場所、刑事司法系統和公共援助系統更是常見。我確實發現許多令人不安的趨勢，即使是二十一世紀初也有很多，例如高科技經濟發展加劇了我家鄉的經濟不平等，密集的電子監控正整合到公共住房與福利計畫中，政策制定者積極忽視窮人與勞工階層的需求與見解。儘管如此，我的合作者還是對願景充滿希望，她們希望資訊科技可以幫他們講述自己的故事，與他人聯繫，改善她們處境艱難的社區。

自從二〇〇八年經濟大衰退（Great Recession）以來，我愈來愈擔心高科技工具對窮人與勞工階級社區的影響。過去十年間，經濟不安全感急劇上升。與此同時，公共服務領域的複雜資料科技也迅速崛起，例如預測性的演算法、風險模型和自動化的資格系統等。政府打著「追求效率」的名義，花大錢投資公共專案的「資料導向管理」，美其名是為了花更少的心力做更多的事情，並讓真正需要幫助的人獲得幫助。但採用這些工具後，那些服務窮人的專案還是跟以前一樣不討喜，這並非巧合。貧困管理的科技不是中性的，而是政府畏懼經濟不穩定又仇視窮人所設計出來的，而且它們又進一步塑造了政治與貧窮的經驗。

鼓吹新資料制度的人，鮮少承認數位決策對窮人與勞工階層的影響。那些身處經濟較底層的人並不認同這種短視近利的觀點，他們往往覺得自己是那些系統鎖定的目標，而不是受益者。例如，二〇〇〇年初的某天，我訪問一位領福利金的年輕母親，請她談談使用科技的經驗。我們的話題談到EBT卡時，桃樂絲．艾倫（Dorothy Allen）說：「那種卡很棒，只是社會福利局把它們當成追蹤工具。」當下我肯定看起來很震驚，因為她繼續解釋，社工經常查看她的購買記錄。艾倫告訴我，貧窮女性是監控科技的測試對象，接著她又說：「妳應該多關注我們的遭遇，因為妳將會是下一個監控的對象。」

艾倫的看法充滿了先見之明。她描述的那種侵入性電子審查，如今在各階級都已經司空見慣。數位追蹤與決策系統已經成為治安、政治預測、行銷、信用報告、刑事量刑、企業管理、金融、公共專案管理的常態。隨著這些系統日益成熟與普及，我開始聽到大家把它們描述成控制、操縱、懲罰的力量。至於新技術促進交流與開啟機會的故事，反而愈來愈難找到了。如今，我最常聽到的是，新的資料制度限制了窮人與勞工階級的機會，解散他們的政治組織，限制他們的移動，削弱他們的人權。二〇〇七年以來究竟發生了什麼，改變了這麼多人的希望與夢想？數位革命如何變成這麼多人的夢魘？

為了回答這些問題，我從二〇一四年開始系統化地調查高科技分類與追蹤系統對美國窮人與勞工階層的影響。我選了三個故事來探討：印第安納州福利系統的自動化資格審查流程；洛杉磯無家可歸者（unhoused）*的電子登記系統；賓州阿勒格尼郡（Allegheny County）的風險模型（可預測哪些兒童可能是受虐兒或疏於管教）。

這三個故事分別反映了公共服務系統的不同面向：公共援助專案，例如TANF、補充營養援助計畫（Supplemental Nutrition Assistance Program，SNAP）、印第安納州的聯邦醫療補助（Medicaid）；洛杉磯的無家可歸者服務；阿勒格尼郡的兒童福利專案。它們也提供了地理上的多樣性：我從美國內地的提普頓郡（Tipton County）開始研究，接著花一年的時間探索洛杉磯的貧民窟與中南部社區，最後造訪那些住在匹茲堡周邊貧困郊區的家庭。

我之所以挑選這些故事，是因為它們充分顯示，過去十年間自動化決策的道德與科技複雜性皆飛快地成長。二〇〇六年印第安納州的合格性現代化實驗很直截了當：該系統接受線上服務申請，檢查及核實收入與其他個資，並設定補助水準。我研究的洛杉磯無家可歸者電子登記系統（又稱「協調入住系統」，Coordinated Entry

System），是七年後開始試行的。它使用電腦演算法來配對「登記系統中的無家可歸者」與「最合適的現有住房資源」。二〇一六年八月推出的阿勒格尼家庭篩查工具（Allegheny Family Screening Tool）使用統計模型，為熱線篩查人員提供預測性風險評分，讓他們決定要不要展開虐童或疏於管教的調查。

在每個地方，我的報導都是從接觸主管機關開始，那些機關與受到系統最直接影響的家庭密切合作。在三年間，我做了一〇五次訪談，旁聽了家事法庭，觀察了虐童熱線中心，搜尋了公共記錄，提交了《資訊自由法》（Freedom of Information Act）*的申請，仔細閱讀了法院文件，參加了數十場社區會議。雖然我認為從貧困家庭的角度出發很重要，但我並沒有止步於此。我也與社會工作者、活動分子、政策制定者、專案管理者、記者、學者、警察交談，以期從議題的兩面瞭解濟弱扶貧方案的新數位基礎架構。

我的發現令人瞠目結舌。在全美各地，窮人與勞工階層都是數位化貧困管理新工具鎖定的目標，而且他們的生命也因此受到威脅。自動化合格性系統阻撓他們申請維

---

*又稱為無家者、無固定居所者。

*《資訊自由法》明定，公民可向任何一級政府機構提出查閱、索取複印件的申請。

繫生存所需的公共資源。複雜的整合資料庫收集他們最私密的個資，幾乎沒有隱私或資料安全的保護措施，也幾乎沒有提供他們任何回報。預測性的模型與演算法把他們標記為高風險與問題父母。龐大的社服機構、執法機構、社區監控使他們的一舉一動都無所遁形，並讓政府、企業、大眾都能仔細監視他們的行為。

這些系統正以驚人的速度整合到全美各地的民眾與社會服務中，幾乎沒有政治討論提及它們的影響。自動化資格認定現在幾乎是每州公共援助單位的標準做法。協調入住（coordinated entry）是管理無家可歸者服務的首選系統，獲得美國無家可歸者跨部會協調委員會（United States Interagency Council on Homelessness）與美國住宅暨都市發展部（U.S. Department of Housing and Urban Development）的支持。早在阿勒格尼家庭篩查工具推出以前，它的設計者就已經在討論為加州開發另一個虐童風險預測模型。

雖然這些新制度對低收入有色人種的社區破壞最大，影響最致命，但它們對窮人與勞工階層的影響是不分膚色的。雖然福利金的受助者、無家可歸者、貧困家庭承受了高科技審查最沉重的負擔，但自動化決策的成長不止影響他們而已，這些系統的普遍使用也影響每個人所獲得的民主品質。

自動化決策破壞了社會安全網，將窮人視為罪犯，加劇了歧視，損害了我們最重要的民族價值觀。它把「我們是誰」和「我們想成為什麼」這種共同的社會決策，重新定義成系統工程問題。雖然最全面的數位決策工具是在所謂的「低權環境」（low rights environments）測試（在這種環境中，人們對政治問責與透明度的期望很低），但這種最初為窮人設計的系統，最終將會套用在每個人身上。

長期以來，美國的窮人與勞動階層一直受到侵入性的監督、午夜突襲、懲罰性公共政策的影響，那些做法都加劇了貧困的汙名與窮人的苦難。十九世紀，他們被隔離在濟貧院*裡；二十世紀，他們被社會工作者調查，被當成受審的罪犯看待。如今，我們已經從資料庫、演算法、風險模型，打造出我所謂的數位濟貧院（digital poorhouse），其影響範圍與衝擊力道可能超越以往的一切。

就像以前貧困管理的技術創新一樣，數位追蹤與自動化決策讓中產階級看不到貧困，讓國家抽離了道德規範，去做一些非人道的選擇：誰獲得溫飽、誰挨餓受凍；誰有住房、誰依舊無家可歸；政府應該拆散哪些家庭。數位濟貧院其實在美國有漫長的歷史傳統。我們管理個別的窮人，是為了逃避我們消除貧窮的共同責任。

*濟貧院又稱救濟院、貧民院，poorhouse、workhouse、poor farm、country home 等，都代表濟貧院。

1

從濟貧院到資料庫

「你要把我送進濟貧院！」

如今多數人提到濟貧院，都只是隨口說說，沒有多想什麼。但濟貧院曾是一種非常貼近現實的可怕機構，很多人聞之色變。鼎盛時期，濟貧院還經常出現在明信片與流行歌曲中。地方社團會為善心人士及一般遊客安排參觀濟貧院的行程。全美各地的城市與鄉鎮中，仍有一些街道是以曾坐落在路邊的濟貧院命名的。例如，緬因州的布里斯托（Bristol）與密西西比州的納奇茲（Natchez）有濟貧院路（Poor Farm Roads）；俄亥俄州的馬利斯維（Marysville）與北卡羅來納州的格林維（Greenville）有救濟院路（County Home Roads）；維吉尼亞州的文契斯特（Winchester）與加州的聖馬提歐（San Mateo）有濟貧院路（Poorhouse Roads）。有些路已經改名，以掩蓋過去，例如維吉尼亞海灘市（Virginia Beach）的濟貧院路如今易名為繁榮路（Prosperity Road）。

在我的家鄉紐約州特洛伊市，這裡的濟貧院建於一八二一年。由於多數院友病得太重、年紀太老或太小，無法做體力活，體格健全的院友必須負責到占地六一・五公頃的農場及附近的採石場工作，這也是這家濟貧院命名為連瑟勒勞動救濟院（Rensselaer County House of Industry）的由來。一八二四年，約翰・範・內斯・耶茨（John Van Ness Yates）接受紐約州的委託，對「窮人的救濟與安置」做了為期一年的調查。他以特洛伊為例，主張紐約州應該在每個郡都設立一所濟貧院。後來他的提案成功了：十年內，紐約州建了五十五個郡立濟貧院。

儘管有樂觀的預測指出，濟貧院將提供「經濟與人道」救濟，但濟貧院確實是一個讓窮人與勞工階層心生恐懼的地方。一八五七年，一項立法調查發現，勞動濟貧院把精神病患關在長二公尺、寬一．四公尺的房間裡長達六個月。由於他們只能睡在麥稈上，房內又沒有衛生設施，冬天的時候，麥稈與尿液的混合體會凍結在他們身上，「唯有解凍才能清除」，因此導致永久性的殘疾。

一八五七年二月，《特洛伊輝格日報》（*Troy Daily Whig*）寫道：「目前報導的濟貧院狀況，普遍在各方面都很糟。根據合約，窮人的生計是由出價最低的人承包。這種合約制度是造成濟貧院整體狀況惡劣的主因……，這個制度本身已經爛到底了。」該郡的濟貧負責人賈斯汀．葛雷戈里（Justin E. Gregory）承諾以每週一美元的價格照顧貧民，因此競標獲得勞動濟貧院的合約。合約規定，他享有無限使用這些勞力的權利。那年，這所勞動濟貧院靠著飢餓院友所栽種的蔬菜，獲得二千美元的營收。

一八七九年，《紐約時報》（*New York Times*）的頭版報導，一個「濟貧院犯罪集團」把勞動濟貧院內已故院友的屍體賣給該郡的醫生以進行解剖。一八八五年，一項針對「管理不善」的調查發現，連瑟勒郡的濟貧部門遭竊二萬美元，濟貧院的負責人艾拉・福特（Ira B. Ford）被迫辭職。一八九六年，他的繼任者克爾文・鄧姆（Calvin B. Dunham）被爆出不當的財務行為後，自殺身亡。

一九〇五年，紐約州慈善委員會發起一項調查，揭發了勞動救濟院裡猖獗的性侵行為。護士露絲・席林格（Ruth Schillinger）作證指出，男性醫護人員威廉・威爾莫特（William Wilmot）常試圖強姦女病患。院友堅稱，癱瘓的瑪麗・墨菲（Mary Murphy）遭到威爾莫特性侵。席林格作證時表示：「他們聽到大廳傳來腳步聲時，都說威爾莫特又去那裡了。隔天早上，我發現那個女人的雙腿是叉開的，她的下肢已經癱瘓了，不可能自行移動。[1]」

約翰・基特爾（John Kittell）是勞動濟貧院的負責人，也是威爾莫特的老闆。他為這套管理模式辯解，聲稱他藉由減少院友的照護費用「每年為該郡省下五六千美元」。後來，威爾莫特並未遭到任何指控。直到一九一〇年，才有人採取行動改善勞動濟貧院的狀況。特洛伊的濟貧院一直運作到一九五四年才關閉。

雖然濟貧院實體上已經拆除了，但遺跡依然陰魂不散，仍活躍在如今困住窮人的自動化決策系統中。現代的貧窮管理系統（自動化決策、資料探勘、預測分析）雖有高科技的表象，但依然與過去的濟貧院有顯著的相似之處。新的數位工具源自我們想要懲戒貧窮的道德觀，並打造出一套高科技的遏制與調查系統。數位濟貧院阻止窮人取得公共資源；監管他們的勞動、支出、性行為與子女教養；試圖預測他們未來的行為；懲罰那些不遵守規定的人並加以定罪。過程中，它在「值得幫助」與「不值得幫助」的窮人之間，創造出愈來愈細微的道德區別，並利用分類來合理化美國人民無法關照彼此的問題。

本章將說明我們是如何走到這一步的：實體的濟貧院如何演變成數位化的翻版。美國從十九世紀的鄉村濟貧院演變到現代數位濟貧院的歷程，可說是一場持久的辯論：在這場辯論中，一方希望消除與減輕貧困，另一方則是指責、監禁和懲罰窮人。

■ ■ ■ ■ ■

美國的第一所濟貧院在一六六二年建於波士頓，但直到一八二〇年代，把窮人關進公共機構才成為美國管控貧窮的主要方法。一八一九年，經濟蕭條嚴重是促成這股風氣的主因。一八一二年戰爭結束後，美國第二銀行（Second Bank of the United States）歷經一段過度的金融投機，差點倒閉。企業紛紛關門大吉，農產品價格下滑，薪資萎縮高達百分之八十，房地產價值暴跌。五十萬美國人失業，約占成年自由男性人口的四分之一。不過，這時政治評論者擔心的不是窮人的痛苦，而是「貧困主義」（pauperism）崛起，也就是民眾對公共福利的依賴。大家特別擔心的是院外救濟

（outdoor relief）：向公共機構以外的窮人提供食物、燃料、醫療、衣服和其他的基本必需品。

當時，有一些州委託外部機構針對「窮人問題」撰寫報告。在麻州，約西亞·昆西三世（Josiah Quincy III）承接了這項任務，他生於富有又有影響力的一神論家庭，真心想減輕貧窮的痛苦，但他認為貧窮是個人習慣不良的結果，而不是經濟衝擊造成的。他建議把窮人分成兩類，以解決這種矛盾。一八二一年他寫道，無能的窮人「是因年老、年幼、殘疾而完全無法工作」；有能力的窮人只是在逃避[2]。

昆西認為，窮人問題是院外救濟造成的：也就是說，窮人不分有能與無能，一律給予援助。他懷疑，不分青紅皂白的捐助，破壞了「社會勞動階級」的勤奮與節儉，造就了一群永久依賴的窮人階級。他的解決辦法是，窮人不進入公共機構（濟貧院）的話，就切斷「所有公共物資的供給」[3]。

這種觀點對菁英階層很有吸引力。俄亥俄州至少建了七十七所濟貧院，德州有七十九所，維吉尼亞州有六十一所。到了一八六〇年，麻州有二百一十九所濟貧院，平均每五千六百個居民就有一所濟貧院。昆西歷經漫長又名利雙收的政治生涯後，開始享受退休生活。

打從一開始，濟貧院就是為了相互矛盾的目的而成立的，因此導致可怕的痛苦，而且成本不斷攀升。一方面，濟貧院是一種半自願的機構，為老弱殘疾、孤兒與精神病患者提供照顧；另一方面，其惡劣條件就是為了阻止貧窮的勞工前來尋求援助。「嚇阻窮人」這個目的大幅削弱了濟貧院提供照護的能力。

加入濟貧院的院友必須宣誓貧民誓言（pauper's oath），這份誓言將會消除他們享有的基本公民權利（如果他們是白人與男性）。院友不能投票、結婚或擔任公職。家庭被迫拆散，因為當時的改革者認為，貧童可以藉由接觸富裕家庭而獲得救贖。他們把孩子從父母的身邊帶走，送去當學徒或家僕，或把這些孩子送上孤兒列車，去拓荒農場當免費的勞力。

濟貧院為經營者提供許多謀求私利的機會。濟貧院負責人的報酬中，有一部分是來自無限使用場地與院友的勞力。因此，濟貧院的許多日常運作可以變成營利的副業：負責人可以強迫院友種植額外的食物以出售獲利，承接額外的洗衣與縫補工作，或指派院友去外面當幫傭或農場工人以賺取工資。

雖然有些濟貧院還不錯，但多數的濟貧院過於擁擠、通風不良、髒亂不堪，夏天酷熱難耐，冬天冰冷刺骨。醫療保健與衛生設施不足，院友缺乏水、寢具、衣服等基本必需品。

儘管濟貧院的管理者常以偷工減料的方式省錢，但這種制度其實營運成本並不低。當初提議設立濟貧院的人主張，濟貧院可以提供規模效益，但那種規模效益的先決條件是濟貧院必須有健康的勞力。然而，為了抑制有能力的窮人前來尋求援助，那幾乎可以確定多數的院友無法從事勞務。一八五六年，紐約州濟貧院的院友中，約四分之一是兒童。另四分之一是患有精神病、失明、失聰或發育遲緩的人，其餘大多是老弱殘疾或剛分娩的貧窮母親。

儘管濟貧院的條件惡劣，但它還是為院友提供了一種社群意識（主要是透過濟貧院的種種缺失）。院友一起工作，忍受忽視與虐待，照顧病人，關照彼此的孩子，一起吃飯，一起睡在擁擠的通鋪。許多人是週期性地加入濟貧院，在休耕期或勞力市場低迷時才依靠濟貧院。

濟貧院是美國最早的種族融合公共機構之一。杜博依斯（W.E.B. Du Bois）在一八九九年出版的《費城黑人》（*The Philadelphia Negro*）一書中指出，在費城的濟貧院中，黑人的比例特別高，因為當地看管窮人的管理者都是白人，他們不為黑人提供院外救濟。從康乃狄克州到加州，濟貧院的日誌裡經常提到黑人、有色人種、黑白混血、中國人和墨西哥人。濟貧院的種族與民族融合，對土生土長的白人菁英來說，是令他們尷尬的痛處。誠如史學家邁克爾．卡茨（Michael Katz）所言：「一八五五年，紐約的一位評論家抱怨道：『各種階層、膚色、年齡、習慣的窮人，圍坐在同一張桌子，吃一樣的菜，住一樣的宿舍。』[4]」

濟貧院既不是欠債者的監獄，也不是蓄奴的地方。那些因流浪、酗酒、非法性行為或乞討而被捕的人，可能被強行關進濟貧院。但是對許多院友來說，加入濟貧院是自願的。對家長無力扶養的孩子、陷入困境的旅者、孤寡老人、遭到遺棄與喪偶的人、單親媽媽、罹病與殘疾者、被解放的奴隸、移民和其他生活在經濟邊緣的人來說，濟貧院是最後的避難所。雖然多數院友停留在濟貧院的時間不到一個月，但老弱殘疾者往往住上幾十年。一些濟貧院的死亡率每年將近百分之三十[5]。

濟貧院的支持者認為，濟貧院不僅可以提供照顧，還能灌輸節儉與勤奮等道德價值觀。然而，實情是，濟貧院不僅是製造恐懼的地方，甚至還加速死亡。誠如社工史學家沃特·特拉特納（Walter Trattner）所寫的，當時的美國菁英認為「貧窮是可以消除的，也應該消除，讓窮人死亡也是消除貧窮的一種方式」。例如，十九世紀的社會哲學家納撒尼爾·韋爾（Nathanial Ware）寫道：「撇開人道不談，消滅那些寄生蟲對社會最有利[6]。」

■ ■ ■ ■ ■

郡立濟貧院雖然環境殘酷，成本高昂，卻是美國主要的貧窮管理模式，直到一八七三年恐慌＊（Panic of 1873）才逐漸消失。鍍金時代的腐敗導致戰後經濟不堪負荷而崩解。猖獗的投機造成銀行接連倒閉，金融恐慌又掀起另一波的大蕭條。鐵路建設大幅縮減三分之一，近半數的工業熔爐關閉，數十萬勞工因此失業。工資下降，房地產暴跌，隨之而來的是房子遭到法拍及租戶遭到驅逐。地方政府與普通民眾的應對方式是設立施膳處，建立免費的寄宿所，發放現金、食物、衣服和煤炭。

一八七七年，巴爾的摩與俄亥俄鐵路公司（Baltimore & Ohio Railroad）的勞工得知他們將再次減薪，而且薪資砍到只剩一八七三年的一半，但股東卻可以拿到百分之十的股息時，便群起罷工。後來，隨著其他地方的鐵路勞工也跟著罷工，整起事件演變成一八七七年鐵路大罷工（Great Railroad Strike of 1877）。鐵路勞工走下火車，拆下引擎，拒絕讓列車穿過調車場。歷史學家麥可．貝勒茲勒斯（Michael Bellesiles）在《一八七七》（*1877: America's Year of Living Violently*）裡描述，警察與民兵帶著刺刀與格林機砲（gatling gun）去鎮壓罷工時，礦工與運河工人紛紛站出來聲援罷工。最後，總共有五十萬名勞工（包括碼頭工人、駁船船長、礦工、冶煉廠工人、工廠裝配工、罐頭廠工人）離開工作崗位，參與這場美國史上第一次的全國大罷工。

＊一八七三至一八七七或一八七九年，導致歐洲與北美經濟蕭條的金融危機。恐慌最初來自奧匈帝國維也納，後來擴散至歐美地區。

貝勒茲勒斯指出，在芝加哥，連原本是宿敵的捷克人與愛爾蘭人也為彼此打氣。在西維吉尼亞州的馬丁斯堡（Martinsburg），白人與黑人鐵路工人一起關閉了火車的調車場。紐約州霍內爾斯維爾（Hornellsville）的勞工家庭把伊利鐵路（Erie railroad track）的鐵軌抹肥皂；當破壞罷工的列車試圖開上山時，列車失去了牽引力，滑回鎮上。

那場大蕭條也影響了德國、奧匈帝國（Austria-Hungary）和英國。歐洲各國政府為了因應大蕭條，開始轉變成現代福利國家。然而，在美國，中產階級的評論者煽動了大家對階級鬥爭與「共產主義大浪潮」（great Communist wave）的恐懼[7]。經濟學界的白人菁英就像他們在一八一九年恐慌之後所做的那樣，藉由攻擊社會福利來因應窮人與勞工階級日益高張的激進情緒。他們質問：如何檢驗公共住宅中的合理需求？如何強迫勞動，同時提供免費的膳食？為了回答這些問題，一種新的社會改革——科學慈善運動（scientific charity movement）——開始對公共濟貧展開全面攻擊。

科學慈善運動主張以更嚴格的資料導向法，區分「值得幫助」與「不值得幫助」的窮人。深入調查（in-depth investigation）是一種道德分類與社會控制的機制。每個貧困家庭都變成一個需要解決的「個案」。早期，慈善組織會社（Charity Organization Society）甚至動用警察來調查救濟的申請。於是，社福個案調查（casework）就此誕生。

社福個案調查員認為窮人不是可靠的證人，他們會去找警察、鄰居、當地店家、牧師、教師、護士和其他援助組織來驗證窮人的說法。瑪莉・里奇蒙（Mary Richmond）在一九一七年出版了一本談社福調查程序的教科書：《社會診斷》（*Social Diagnosis*）。她在書中寫道：「個案調查員應該像檢查對方律師的法律證據那樣，嚴格審查其決定所依賴的證據是否可靠[8]。」科學慈善運動把窮人直接預設成犯罪的被告。

科學慈善工作者建議對申請救濟的人做深入調查，因為他們認為「值得幫助」與「不值得幫助」的貧窮白人之間有遺傳區別。救濟不值得幫助的窮人，只會讓他們生存下來並繁衍基因較差的後代。對那個年代的中產階級改革者來說〔例如主張科學慈善的社會工作者弗雷德里克・阿爾米（Frederic Almy）〕，社會診斷是必要的，因為「雜草不該獲得跟花朵一樣的栽培方式[9]」。

科學慈善運動對遺傳的關注，是受到當時非常熱門的優生學運動所影響。法蘭西斯・高爾頓爵士（Sir Francis Galton）發起的英國優生學，鼓勵菁英有計畫地培養「素質高貴」的後代。不過，在美國，研究優生學的專業人士很快就把注意力轉向消除他們認定的窮人特徵上：低智商、犯罪、荒淫無度。

從紐約州冷泉港（Cold Spring Harbor）一家卡內基研究機構（Carnegie Institution）

所資助的實驗室到全美各州的優生學記錄辦公室，全美各地的社會學家開始收集有關窮人的性生活、智力、習慣、行為的資訊。他們填寫冗長的問卷，拍照、按指紋、量頭圍、計數子女數、繪製家譜，並在日誌中寫下諸如「低能兒」、「弱智」、「蕩婦」、「成癮」之類的描述。

在一八八〇年代席捲全美的「白人至上」（white supremacy）浪潮中，優生學是一大組成要件。當時立法通過種族隔離制度／黑人歧視法（Jim Crow rules）及限制性的移民法，以避免白人受到「外部威脅」。優生學把臨床的聚光燈照在艾伯特．普雷迪（Albert Priddy）醫生所說的「南方那些無能、無知、無用的反社會白人階層」上，藉此從內部淨化種族。優生學與科學慈善運動都收集了成千上萬個家庭個案研究，布魯克林慈善局（Brooklyn Bureau of Charities）的局長喬治．布澤爾（George Buzelle）把這些研究描述成「根據智力、發育、優缺點來排列所有家庭，每個家庭都有一個可以馬上編入索引及歸檔的標籤」[10]。

這場運動把「菁英階層對白人貧困的焦慮」與「對移民日益增加的擔憂」及「認為黑人天生低人一等的種族歧視觀點」結合在一起。優生學理論的通俗化也助長了這些區別：黑人遭到徹底排擠，擁有北歐血統的富裕白人占據了優生等級的頂峰，夾在中間層級的每個人都受到懷疑。在州立園遊會的優生展覽上，模範家庭比賽的優勝者總是皮膚白皙。經濟拮据的族群被當成消耗公共財政的寄生蟲，他們常被塑造成特定的種族形象：「劣等」基因系總是膚色較深，眉毛較低，五官較扁平。

廣泛的生殖限制也許是科學慈善運動與優生學的必然目標。在合法化非自願絕育的〈巴克訴貝爾案〉（*Buck v. Bell*）中，最高法院的大法官奧利弗·溫德爾·霍姆斯（Oliver Wendell Holmes）寫道：「與其等著墮落的後代犯了罪再處以死刑，或讓他們因愚蠢而挨餓，社會可以阻止那些明顯不適合生存的人繼續繁衍下去，這樣對整個世界更好。強制接種疫苗的適用原則很廣泛，也可以套用在切斷輸卵管上[11]。」雖然這種做法在二戰期間因納粹的暴行而沒落，但優生學導致美國六萬多名窮人與勞工階層遭到強制絕育。

科學慈善運動與融合不同種族的濟貧院不同，它認為黑人貧窮與白人貧窮是兩個截然不同的議題。社會史家馬克·皮爾（Mark Peel）指出，科學慈善運動「或多或少刻意忽視十九世紀末美國人所謂的『黑人問題』」[12]。因此，這場運動為少數「值得幫助」的窮苦白人提供些許的資源。他們使用調查技術與尖端科技來阻止其他人尋求援助。如果用盡一切方法依然無法阻止那些窮人尋求援助，科學慈善運動就會改用制度來收編他們：那些道德上不配獲得慈善援助或不足以養活自己的人，就送到濟貧院。

科學慈善運動依賴多種新發明：社福個案調查員、救濟調查、優生記錄和資料交換中心。它借鑑了律師、學者、醫生認為當時實務上最精密的科學。科學慈善運動主張採用證據導向的實務，以便與過去的濟貧方式有所區別（過去通常是採用軟性的情感做法或腐敗的政治做法）。不過，這場運動的高科技工具與科學原理其實剝奪了窮人與勞工階級的權力，否定他們的人權，也侵犯他們的自主權。如果濟貧院是一臺把窮人與勞工階級抽離公共資源的機器，科學慈善運動可說是一種推諉技術，它讓菁英階層用似是而非的論點來排擠窮人。

■ ■ ■ ■ ■

就像以前的濟貧院，科學慈善運動主宰了濟貧活動長達兩個世代。但這個運動再怎麼強大，也無法從經濟大蕭條（Great Depression）倖存下來。在經濟大蕭條的顛峰期，據估計有一千三百萬到一千五百萬的美國工人失業，全美的失業率逼近百分之二十五，有一些城市的失業率甚至超過百分之六十。金融危機以前穩居中產階級的家庭，首度需要尋求公共救濟。這場全國危機一舉抹除了「值得幫助」與「不值得幫助」的窮人之間那條一向模糊的界線。

一九三〇年與一九三一年經濟大蕭條愈演愈烈時，科學慈善運動已經因應不了大量湧現的貧窮人口。領取救濟品的隊伍迅速變長，失去住所的家庭擠進合租公寓與寄宿屋。地方的緊急救援專案無法因應暴增的救濟需求，陷入停擺。窮人與勞工抗議不斷惡化的環境，並團結起來互相幫忙。

成千上萬的失業勞工結夥搶劫商店，礦工私下運走煤炭再販售牟利。隨處可見排隊領麵包、熱湯和蔬菜的人龍。誠如弗朗西絲·福克斯·派文（Frances Fox Piven）與理查德·克洛沃德（Richard Cloward）在《規範窮人》（*Regulation the Poor*）中所寫的，抗議者前往地方的援助機構圍堵與叫囂，拒絕離開，直到救援機構發放金錢與物資才肯離去。拒繳房貸或租金的抗議者抵制房屋遭到法拍或抗拒驅離，把被截斷的水電瓦斯重接回來。一九三二年，四萬三千名「軍役補貼軍」（Bonus Army）在美國國會附近的空地及波多馬克河（Potomac River）的河岸上紮營抗議*。

小羅斯福（Franklin D. Roosevelt）在這波公民騷亂的浪潮中，登上總統寶座。他發起一項計畫，大舉恢復院外救濟：設立聯邦緊急救援署（Federal Emergency Relief Administration，FERA），向貧困家庭發送物資與現金。小羅斯福政府也設立新的聯邦就業計畫，例如平民保育團（Civilian Conservation Corps，CCC）、土木工程管理局（Civil

*一戰美軍的退伍軍人要求政府即時發放戰時服役的補助金，但遭到美國政府拒絕，於是發動人群到華府逗留請願，最後導致軍方派兵介入，造成流血衝突。

Works Administration，CWA）。這些計畫讓失業者投入基礎設施改善專案、公共設施建設、政府行政、醫療保健、教育與藝術領域的工作。

新政扭轉了私人慈善的趨勢。到了一九三四年初，聯邦計畫（如FERA、CCC、CWA）已經為二千八百萬人提供工作或家庭救濟。這些計畫之所以能夠迅速為那麼多人做那麼多事情，是因為有足夠的公共資金（光是FERA就花了四十億美元），也因為它們放棄了科學慈善社福調查員所開創的深入調查法。

就像一八一九年與一八七三年的大蕭條，批評者指責救濟方案造成窮人對公共援助的依賴。小羅斯福本人對於「讓聯邦政府提供直接救濟」這點也非常擔憂，他很快就對中產階級的強烈反彈屈服了，關閉提供現金與物資的FERA計畫，並以公共事業振興署（Works Progress Administration，WPA）取而代之。羅斯福陣營中有些人呼籲建立聯邦福利部，但政府不顧他們的呼籲，把焦點從分配資源轉向鼓勵工作。

新政（New Deal）的立法無疑挽救了成千上萬人的生命，防止數百萬人陷入貧困。新的勞動法促使工會蓬勃發展，並培養出強大的白人中產階級。一九三五年的《社會安全法》（Social Security Act）確定了失業、年老或失去家庭經濟支柱時的現金支付原則，這麼做是基於基本人權，而不是基於個人德行。但新政也造成了種族、性別、階級的分化，這些分化在現今社會中依然造成不平等。

羅斯福政府向白人至上主義屈服，至今我們依然承受著苦果。美國平民保育團限制聯邦政府支持的工作救濟中，黑人最多只能占百分之十，儘管非裔美國人在北方城市的失業率高達百分之八十。一九三四年的《國家住宅法》（National Housing Act）促進住房隔離及鼓勵房貸紅線政策*，導致黑人社區的負擔倍增。《全國勞資關係法》（National Labor Relations Act）*賦予工人組織工會的權利，但允許勞工成立種族隔離的工會。最重要的是，為了避免南方各州不支持《社會安全法》，農業勞工與家務勞工都被明確排除在就業保護之外。「南方妥協」（southern compromise）使絕大多數的非裔美國黑人勞工以及為數不少的貧窮白人佃農和家傭，得不到最低工資、失業保障、養老保險或勞資談判（collective bargaining）。

新政的方案也把負責賺錢養家的男性奉為女性與家庭的經濟支柱。聯邦政府提供的保障，跟工資、工會的會員資格、失業保險、養老金掛鉤。但是，由於政策鼓勵長期工作及全年全職的工作，這些保障對男性就業模式比較有利，對女性比較不利。新政的另一個招牌計畫是「未成年子女之單親扶助」（Aid to Dependent Children，

---

*在都市的地圖上，以紅線標示高風險的社區，以綠線標示安全的社區，銀行只對綠線社區提供房貸服務。由於紅線社區的居民多為黑人，因此紅線政策是歧視黑人的政策。

*又稱《瓦格納法》（Wagner Act）。

ADC），一九六二年後更名為「失依兒童家庭補助」（Aid to Families with Dependent Children，AFDC）。這項計畫是在家中負責養家的工薪階級男性過世後，為獨自養育子女的寡婦提供補助。因此，婦女的經濟保障與她們身為妻子、母親或寡婦的角色牢牢地綁在一起，導致她們經濟上的持續依賴。

新政救濟政策的設計，讓有能力的窮人與無能的窮人之間再次出現區隔，但它顛覆了昆西的概念。有能力的窮人依然是暫時失業的白人男性工薪階層，不過，新政扭轉了數百年來的貧困政策，這些白人突然被認定是「值得幫助」的窮人，政府還提供聯邦補助讓他們重返職場。無能的窮人仍是那些長期難以穩定就業的人：遭受種族歧視、單親、有殘疾或慢性病。他們突然被認定為「不值得幫助」的窮人，政府只能勉為其難地提供他們微不足道、懲罰性的臨時救濟。

這些遭到排擠的勞工、單親媽媽、貧困老人與殘疾者，被迫依靠福利史學家普雷米拉．納達森（Premilla Nadasen）所謂的「掃貧」（mop-up）公共援助方案[13]。失業與貧困之間的區別、男性貧困與女性貧困之間的區別、北部白人男性產業勞工與其他所有人之間的區別，創造出一種雙層式福利國家：社會保險vs公共援助。

公共援助計畫沒那麼慷慨，因為福利水準是由州政府與市政府設定的，而不是聯邦政府。這種援助的懲罰性較強，因為地方與州政府的福利單位設下資格規範，他們也有財務動機去維持低錄取率。此外，這類補助更具侵犯性，因為收入限制及經濟狀況調查（means testing）*把政府對申請人與受益人所做的各種監管都合理化了。

在區分社會保險與公共援助方面，「新政」的民主黨人播下了如今經濟不平等的種子，屈服於白人至上主義，在窮人與勞工階級之間播下了衝突的種子，也貶低了婦女工作的價值。羅斯福放棄了全民福利方案的構想，重新啟用了科學慈善運動的調查、監管、轉移等概念。但這些技術並不是普遍針對所有的窮人與勞工階級，而是選擇性地套用在一個剛出現的新目標群上。後來大家稱這些人為「福利媽媽」（welfare mothers）。

■ ■ ■ ■ ■

雖然《社會安全法》設立的計畫都算是公共援助，但其中爭議性最大的掃貧計畫「未成年子女之單親扶助」已經成為「福利救濟」的同義詞。要不是因為ADC／AFDC最終成為一場極其成功的貧困婦女政治運動的焦點，這項計畫只是歷史中的註腳罷了。該計畫最初運行的三十五年間，只鎖定中產階級的白人寡婦。很少家庭提

*目的在於確定被調查者是否符合接受政府補助的條件。

出申請，而且約半數的申請者遭到否決。

州政府和郡政府的規定排除了大量符合條件的人，尤其是有色人種的女性。例如，「可就業的母親」（employable mother）這個規定把傭人與農場工人排除在外，因為立法者認為，這些人的有薪勞動比照顧孩子更重要。「適合家庭」（suitable home）這個規定排除了未婚媽媽、離婚及遭到遺棄的女性、女同性戀者，以及其他被福利部門認為淫蕩的女性。「代理父親」（substitute father）這個規定要求任何與依靠公共援助的女性交往的男性，都要對她的孩子承擔經濟責任。「居住限制」這個規定導致跨州遷徙的人得不到福利。福利制度要求窮人犧牲權利（身體完好、安全的工作環境、自由遷徙、政治參與權、隱私與自主權）來換取微薄的家庭補助。

歧視性的資格規定，讓社福個案調查員有廣泛的權限去調查那些申請救濟者的人際關係，打聽他們生活的各方面，甚至搜查他們的住家。一九五八年，俄勒岡州一個名為「甜蜜之家」（Sweet Home）的白人工薪階層小社區，警察與福利工作者規劃了一系列的聯合突襲，每次行動都發生在午夜至凌晨四點半之間。一九六三年一月的一個寒冷深夜，加州阿拉米達郡（Alameda County）的社福個案調查員闖入七百名領取救濟的人的家中，將母親和孩子從床上叫醒，試圖找出那些單親媽媽未申報的情夫。霍華德．甘迺迪（Howard Kennedy）在《洛杉磯時報》（*Los Angeles Times*）報導，受害者抱怨那些突襲者沒有表明身分，又使用沒必要的辱罵語言，「甚至被擋在門外時，逕自破門而入」。美國全國有色人種協進會（NAACP）指控阿拉米達的突襲「主要是針對『援助貧童』（Aid to Needy Children，ANC）受助者中的黑人和墨裔美國人，可能涉及歧視」⑭。

主管機關對ADC／AFDC的受助者進行類似科學慈善運動的調查，是對不斷改變的移民型態與民權運動所產生的反應——移民型態與民權運動的持續變化，改變了那些救濟方案的種族組成。一九四〇年至一九六〇年間，為了躲避白人至上的恐怖主義與南方的佃農驅趕，逾三百萬黑人遷居北方城市。許多人找到了更安全的住房、更好的工作、獲得了更多的尊嚴與自由。但就業、住房、教育方面的歧視，仍導致非白人的失業率較高，移民因此尋求公共援助以幫忙養家。

與此同時，民權運動主張：黑人享有平等的公共住宿與政治參與的權利是合乎道德常理的。支持合併公立學校及擴大投票權的論點，很容易延伸到「公共援助也應該取消種族區別」上。「為母親爭取適切福利」（Mothers for Adequate Welfare）是一個早期的福利權團體，是一些人參加一九六三年的「為工作和自由向華盛頓進軍」（March on Washington for Jobs and Freedom）後成立的。史學家納達森指出，這些領取福利救濟的黑人母親是受到那次遊行抗議的鼓舞，才決心反抗她們每天遭到的侮辱與歧視。所以她們回到波士頓後，熱切地啟動一項糧食發送計畫[15]。全國各地的地方組織紛紛加入她們，形成一場全國運動，以質疑不公平的現狀：至少有一半有資格獲得AFDC補助的人拿不到補助。

福利權運動（welfare rights movement）分享了一些有關申請資格的資訊，幫忙填寫申請表，到福利辦公室靜坐抗議歧視性的做法，遊說立法機構，制定政策，挑戰羅斯福新政計畫那些從未遭到質疑的假設。最重要的是，該運動的成員堅持主張，母職就是一種職業／工作。雖然福利權組織支持「女性有意願的話，就有獲得有償工作」的權利，但他們積極反對那些要求有幼子的單親媽媽必須外出工作的福利救濟方案。

福利權運動締造了驚人的成果，催生了會員多達三萬人的國民福利權利組織（National Welfare Rights Organization，NWRO），讓受助者獲得了更多的補助以添購家具、校服和其他家用品。它帶頭為所有的貧困家庭爭取最低收入保障，無論他們的婚姻狀況、種族或就業情況。這個運動發現，把黑人婦女與單親媽媽排除在公共援助之外是違憲的，所以他們透過法律行動提出質疑，以扭轉歧視性的資格規定。

一九六八年「金訴史密斯案」（*King v. Smith*）的勝利，推翻了「代理父親」的規定，保障了個人與性隱私的基本權利。在一九六九年的「夏皮羅訴湯普森案」（*Shapiro v. Thompson*）中，最高法院認定，限制個人遷移權的居住規定是違憲的。一九七〇年的

「戈德伯格訴凱利案」（*Goldberg v. Kelly*）確立了公共援助的受助人有權訴諸正當法律程序的原則，以及救濟金不能在沒有公平聽證下終止。這些法律上的勝利開創了真正革命性的先例：窮人應該享有跟中產階級一樣的權利。

AFDC計畫推行困難，尼克森總統（President Richard Nixon）只好在一九六九年提出一項保障年收入的方案來取代它：家庭救助計畫（Family Assistance Program，FAP）。該計畫將保證一個四口之家每年的最低收入為一千六百美元，這將為低收入但遭到AFDC排除在外的雙親家庭提供福利。它取消了對勞動收入課徵的百分之百罰款，並允許福利受益者保留年收入的前七百二十美元，而且不扣減福利。

但尼克森提出的最低收入標準，依然使四口之家活在貧窮線（poverty line）之下。NWRO提出一項與之競爭的《適切收入法》（Adequate Income Act），把四口之家的基本收入訂在五千五百美元。尼克森的計畫也包含強制工作的規定，這對那些需要養育幼子的單親媽媽來說正是癥結所在。於是，FAP在得不到保守派與進步派的認同下失敗了，AFDC承受的壓力持續增加。

■ ■ ■ ■ ■

更多的家庭受到社會運動的鼓舞而申請公共援助。在前述那些法律勝利的保護下，被否決的申請者減少了。隨著資格限制取消，AFDC嘉惠的範圍擴大了。原始數據令人震驚：一九六一年，AFDC的受惠者有三百二十萬人，一九七一年已近一千萬人。聯邦政府在這個方案上的支出從十億美元（一九七一年的幣值），增至十年後的三十三億美元。這項運動的多數收益是流向貧童。一九六六年，僅四分之一的貧童獲得AFDC的資助；到了一九七三年，該方案已惠及五分之四以上的貧童。

NWRO的成員大多是貧窮的非裔美國黑人婦女，但福利權運動也有中產階級的盟友，他們認為跨種族組織是實現其長期目標的關鍵。一九六七年，非裔美國人約占AFDC援助名單的百分之五十，這反映了他們特別容易陷入貧困狀態。不過，NWRO的第一任女主席珍妮．蒂爾蒙（Johnnie Tillmon）認為，接受福利救濟的白人也是同樣受苦受難的弱勢，是潛在的盟友。她在一九七一年受訪時解釋：「人飢己飢，人溺己溺，這是不分種族的。那些靠救濟金生活的白人女孩告訴我她們挨餓時的感受，我挨餓時也有同感[16]。」

但是，如果說福利權運動的活動人士所展望的是種族融合與團結，那些「反對AFDC擴大嘉惠範圍」的人則是刻意鼓吹白人中產階級的敵意，從而逆轉了福利權運動所締造的成果。隨著反對福利權的聲浪愈演愈烈，有關窮人的新聞報導開始轉趨苛刻。政治學家馬丁．吉倫斯（Martin Gilens）寫道：「窮人的新聞報導日益缺乏同情心，這導致新聞中開始充斥『貧窮黑人』的刻板印象[17]。」福利詐欺與虐待的報導中比較可能出現黑人面孔。一九六〇年代美國黑人的貧窮率大幅降低，在ＡＦＤＣ援助名單中的比例也下降了。但一九六四至一九六七年間，新聞雜誌的貧窮報導中，黑人的比例從百分之二十七躍升至百分之七十二。

隨著一九七三年經濟陷入衰退，民眾對福利成本、詐欺、效率低下的不滿愈來愈強烈。在雷根總統（Ronald Reagan）與其他保守派政治人物的推動下，納稅人開始反對ＡＦＤＣ，質疑「窮人應享有憲法承諾的全部權利」的概念。但是，福利權運動的成果已經立法通過了，所以無法以歧視性的資格規定把任何人排除在公共援助之外。

民選官員與政府官僚身陷在法律與民意之間（一方面法律對弱勢群體的保障日趨嚴格，另一方面民意又要求他們限制公共援助的支出），只好訴諸政治戲法。他們委外開發全面的新技術，這些技術承諾以更有效率的方式來分配援助，以節省援助金。事實上，這些技術系統就像一堵牆，擋在窮人與他們享有的法定權利之間。就在這一刻，數位救濟院（digital poorhouse）誕生了。

一九七〇年代初期，電腦作為一種中立工具，藉由加強對福利受益者的審查與監督來縮減公共開支。一九四三年，路易斯安那州成為第一個制定「可就業的母親」規定的州，這項規定阻止多數美國黑人婦女領取ＡＤＣ的福利。三十一年後，路易斯安那州成為第一個推出電腦薪資匹配系統（computerized wage matching system）的州。這個系統會比對福利申請者的自報收入及其就業單位的電子檔案和失業補助資料。

到了一九八〇年代，電腦已經針對那些接受公共援助的家庭，收集、分析、儲存和共用許多他們的資料。美國衛生教育福利部（Department of Health, Education, and Welfare，HEW）對國防部、州政府、聯邦雇主、民事與刑事法院、地方福利單位、司法部分享了福利接受者的姓名、社會安全碼、生日和其他資訊。新的程式在不斷增加的個案檔案中搜尋不一致的地方。他們也精心編寫及啟用詐欺檢測程式。許多資料庫是互通的，以追蹤不同社福方案的受益者的行為與支出。大量高科技工具的出現，化解了前述「福利接受者不斷擴大的法定權利」與「民意對公共援助的支持減弱」之間的衝突。

■ ■ ■ ■ ■

因為公共援助方案是由聯邦政府資助，但由地方政府掌控，各州對福利管理科技的採用各不相同。不過，紐約採用的方式可以作為說明的例子。紐約有全國規模最大、最激烈的福利權運動，AFDC的援助人數也是全美成長最快的。到了一九六〇年代末期，全國十分之一的福利受助人住在紐約市，他們組成了六十個到八十個之間的地方福利權組織。

一九六八年的春天，福利權運動開始每天在紐約市的各地舉行示威活動，包括在福利部的總部靜坐抗議三天，直到騎警隊出現才結束。社福個案調查員受到這些顯而易見的抗議行動所影響，開始把自己視為申請人的助力，而不是阻力。一九七三年蘭德研究機構（RAND Institute）的報告《窮人的抗議》（*Protest by the Poor*）指出，布朗克斯與布魯克林的社福個案調查員要求紐約市的社福部「減少官僚措施以處理大量的申請需求」，不然他們將以罷工抗議[18]。

一九六九年，紐約州申請加入全國示範專案（Nationwide Demonstration Project），那是衛生教育福利部「為了管理公共福利而開發的電腦管理資訊系統」。當時，共和黨的州長尼爾森·洛克菲勒（Nelson Rockefeller）深信尼克森的FAP會通過，他也相信只要聯邦政府承接州政府與地方政府的福利成本，該州的福利問題就會解決。

一九七〇年，國會未通過FAP後，洛克菲勒宣布，紐約州「別無選擇，只能繼續盡力滿足窮人的需要」，同時他也指出該州目前的福利制度「已經過時」，是「龐大的負擔」。幾個月後，在提交給立法機構的一份聲明中，他表示自己愈來愈擔心，如果不從根本改變福利制度的話，那麼「最終會導致我們的社會不堪負荷而崩垮」，因為「這個制度不是鼓勵大家追求尊嚴、獨立、個人責任，而是鼓勵大家永遠依賴政府」[19]。

洛克菲勒宣布一項全州的福利改革方案，規定申請者必須居住一年以上，並提出一項「自願重新安置計畫」（為目前接受福利救濟但願意搬到其他州的人提供交通補助與現金獎勵）。他提議的改革方案要求救濟領用者必須接受眼前的任何工作機會，否則就失去福利救濟，而且也取消社福個案調查員判斷哪些救濟領用者「可就業」及決定福利金額的自由裁量權。洛克菲勒取消社福個案調查員的最低工資要求，並降低那個工作的學歷資格，也加重懲罰那些「不當協助救濟領用者獲得資格或額外福利」的社福個案調查員。

洛克菲勒也設立一個新職位：福利管理督察長，並任命他的競選籌款人喬治．伯林格（George F. Berlinger）擔任。在一九七二年二月公布的第一份年度報告中，伯林格指控，行政管理不當導致「欺騙、詐欺、濫用」等「弊病」感染了該市的福利救濟者，他寫道：「重大的整治行動勢在必行」。

伯林格建議該州為每個福利救濟、醫療補助、糧食券（Food Stamps）的受益者，建立一個中央化的電腦登記系統。由於洛克菲勒一心一意只想結束福利救濟這種「慷慨大放送」的制度，規劃者把他的理念納入系統設計中。紐約州委託羅斯．佩羅（Ross Perot）的電子數據系統公司（Electronic Data Systems）開發一套數位工具，以「減少福利管理中的不合格受益者、管理不善、詐欺現象」，把津貼計算及資格判斷都加以自動化，並「改善州政府對地方決策的監督」[20]。最後開發出來的福利管理系統（Welfare Management System，WMS），從設計、開發到安裝，總計花費了八千四百五十萬美元。

紐約州領取福利救濟的人數迅速增加，並在一九七〇年代中期進入高原期，此時也是WMS系統上線的時候。系統上線以後，接受AFDC救濟的窮人比例開始驟降。這種模式在幾個州接連發生。限制性的新規則，再加上高科技工具的輔助，逆轉了福利權運動的成果。一九七三年，美國有近半數活在貧窮線以下的人獲得AFDC的救濟。十年後，在導入福利管理的新技術以後，這個比例降至百分之三十，如今更是不到百分之十。

一般常認為，一九九六年頒布的《個人責任與工作機會調節法》（Personal Responsibility and Work Opportunity Reconciliation Act，PRWORA）是導致福利制度消亡的原因。PRWORA以TANF來取代AFDC，而且不惜一切代價，強迫救濟領用者外出工作。TANF把一生領用公共援助的資格限制在六十個月以內（鮮少例外），還加入嚴格的工作要求，終止對四年制大學教育的支持，並實施多種制裁措施來懲罰不守規定的人。

例如，預約遲到、錯過志願工作任務、不參加職訓、不做藥檢、不參加心理諮詢或忽視社福個案調查員要求的其他治療或職訓活動，都會受到制裁。每項制裁都可能導致暫時或永久的福利喪失。

PRWORA確實明顯縮減了公共援助。一九九六年至二〇〇六年間，近八百五十萬人從福利名單中除名。二〇一四年接受現金救濟的成人比一九六二年少。一九七三年，五個貧童中有四個接受AFDC的救濟，如今接受TANF救濟的貧童不到五分之一。

但是，早在柯林頓承諾「終止現行福利制度」之前，縮減福利救濟名單的流程就已經開始了。更激進的調查以及日益精確的追蹤技術，為一些杜撰的報導（例如腐敗與詐欺普遍存在）提供了素材。那些報導催生了更多懲罰性的規定及嚴苛的懲罰措施，那又需要更多的資料導向技術來追蹤救濟領用者是否符合規定。一九九六年的聯邦改革只是完成了一個二十年前開始的流程：納稅人對福利權的反抗催生了數位濟貧院。

■■■■■

主張公共服務應該自動化及採用演算法的人，往往說新一代的數位工具是「顛覆性的」。他們告訴我們，大數據撼動了墨守成規的官僚，激發創新的方案，也增加透明度。但我們注意看那些針對窮人與勞工階層所設計的專案時，會發現資料分析的新體制其實只是演變，而不是革命。它只是擴充及延續一九八〇年代以來一直存在的貧窮管理策略罷了，那是一種懲戒貧窮的道德觀。

濟貧院與科學慈善運動的故事顯示，在經濟危機時期，貧困救濟的懲罰性變得更強，汙名化更深。窮人與勞工階級抗拒權利受限，打破歧視制度，為了生存與互助而聯合起來。但他們一次又一次地面臨中產階級的強烈反對。社會救助被重新定義為慈善，互助被重新定義為依賴，新技術的出現扭轉了窮人爭取的進步。

一九七〇年代以來，一場剝奪窮人與勞工基本人權的運動，獲得了充裕的資金與廣泛的支持，也累積了驚人的成果並穩定發展。這場運動捏造並散播了一些有關窮人的誤導性報導：說他們是不值得救濟、善於詐欺、習慣依賴、道德低落的少數人。批評福利國家的保守派繼續展開非常有效的宣傳活動，以說服美國人相信，勞工階級與窮人必須在一場資源有限的零和遊戲中相互爭奪。系統管理者與資料科學家悄悄地推動高科技的工具，那些工具承諾以更人道的方式幫助更多人，同時提高效率，辨識詐欺，控制成本。他們把數位濟貧院包裝成一種合理化及精簡福利的方式，但真正的目的其實一直以來都一樣：列管、監督和懲罰窮人。

2

美國心臟地帶的資格認證自動化

在印第安納州的提普頓，一頭白色的小毛驢正啃著籬笆，我們從牠的旁邊轉進一條與鐵軌平行的狹窄公用設施道路，前往史代普（Stipes）的家。人稱阿丹的邁克．史金納（Michael Skinner）現年六十五歲，以前是記者，現在是我在印第安納州中部的嚮導。他踩足油門，費力地把他母親開了十九年的老爺車駛過鐵軌，又前行了約一．五公里後，終於抵達史代普家的車道。那棟白色的大房子蓋在一大片玉米田的中央。金不過，在二〇一五年三月這個晴朗的日子裡，玉米稈砍得很低，也因融雪而鬆軟。金（Kim Stipes）與凱文（Kevin Stipes）開玩笑說，他們必須趕緊養大孩子，不然七月一來，比較矮小的幾個走進玉米田裡會看不到人。我來這裡是為了跟史代普夫婦談談他們的女兒蘇菲。蘇菲在印第安納州實驗「自動化資格認證」時，喪失了醫療補助福利。

二〇一二年，我在印第安納大學布隆明頓分校（Indiana University Bloomington）做了一場演講，談資料導向的新科技如何影響公共服務。我講完時，一位穿著體面的男士舉手問了一個問題，那個問題促成了這本書的撰寫，他問道：「您知道印第安納州現在發生的事情吧？」我一臉茫然地看著他，搖了搖頭。他馬上為我說明了現狀的梗概：政府簽了一份價值十三億美元的合約，把該州的福利資格審核流程民營化及自動化。數千人因此失去了福利，印第安納州的最高法院正在審理一樁備受矚目的違約案。他把名片遞給我，名片上的燙金字母顯示他是麥特．皮爾斯（Matt Pierce），是印第安納州的民主黨眾議員。

二年半後，自動化資格認證的報導把我帶到蘇菲．史代普的家。蘇菲是個活潑開朗又倔強的女孩，有一頭暗褐色的頭髮、巧克力色的大眼睛，以及腦性麻痺患者特有的塌眉毛。她在二〇〇二年出生後不久，就被診斷出發育不良、全面發育遲緩、周腦室白質軟化症（periventricular leukomalacia，一種影響新生兒和胎兒的大腦白質損傷）。她也罹患了1p36缺失症候群（1p36 deletion syndrome，這種疾病出現在新生兒身上的比例是五千分之一到一萬分之一），兩耳嚴重失聰。醫生告訴史代普夫婦，蘇菲可能永遠無法坐起來、走路或說話。她剛出生的頭二年只能躺著，幾乎無法移動。

史代普夫婦聯繫了「第一步」（First Steps）專案的工作人員，「第一步」是印第安納州殘疾與康復服務部（Indiana Division of Disability and rehabilitation Services）成立的專案，目的是幫助發育遲緩的幼童。透過這個專案，蘇菲接受了治療與營養服務，她的家人也獲得了諮詢與支持。最重要的是，她植入了一根胃造廔管（gastrostomy tube），可以把營養直接輸送到胃裡；她剛出生那兩年，吃得很少。裝上胃造廔管，他們開始直接透過管子餵食，不久蘇菲就能坐起來了。

二〇一五年我造訪史代普一家時，蘇菲十三歲，可以自己行動，自己上學，而且認得所有字母。醫生曾經告訴金，對蘇菲比手語沒什麼好處，但蘇菲看得懂家中使用的洋涇濱（pidgin）手語，知道約三四百個字的手勢，也能與父母及朋友溝通。那天我造訪時，蘇菲已經在學校上了一整天的課，所以她在房間裡，穿著橘粉相間的條紋睡衣，看著兒童節目《艾蒙的世界》（*Elmo's World*）。金介紹我們認識時，我們揮手打了招呼。

我請金告訴蘇菲，我喜歡她的粉紅色電視機，金笑著幫我比手語。金說：「我真的很佩服蘇菲，如果其他的孩子有她一半的努力，他們都可以成為天才，變富翁，蘇菲就是那麼努力。」金髮碧眼的金戴著金戒指，穿著久站者常穿的 Crocs 拖鞋。

史代普一家人對「努力」這個特質並不陌生。在由金屬管與塑膠布做成的溫室裡，凱文種植了大番茄、花椰菜、萵苣、辣椒、四季豆、南瓜，甚至還有桃子。他們把農作物製成罐頭，冷凍起來，以便冬季食用。但二〇〇八年過得特別辛苦，凱文丟了工作，全家跟著失去醫療保險。他和金上網銷售汽車零件以養育七個孩子。他們的兒子馬克斯最近診斷出罹患第一型糖尿病。此外，蘇菲病得很重，嘔吐不斷。

失去醫療補助後，蘇菲的醫療費用將超出他們的負擔。她的處方非常昂貴，也需要發育遲緩的大齡兒童專用的尿布。蘇菲每次植入胃造瘻管要花一千七百美元，每個月的醫療費超過六千美元。

麻煩真正開始是在二〇〇七年底，當時金申請了專為低收入成人提供重症健保的

「印第安納健康方案」（Healthy Indiana Plan）。雖然史代普家的五個孩子享有醫療補助，但金與凱文都沒有醫療保險。金才剛開始申請那個方案時，家裡就有四個人病倒了。金知道，她照顧他們的同時，根本沒有時間填寫所有的申請書。

所以，她前往提普頓的家庭與社會服務局（Family and Social Services Administration，FSSA），跟一位社福個案調查員面談，請他暫緩申請。社福個案調查員告訴她，由於FSSA最近有變化，申請決定不再由地方單位作主，她必須打電話到近六十五公里外的馬里昂（Marion）客服中心找客服員。金打電話到馬里昂，對方告訴她，「他們會處理」她的申請。提普頓的社福個案調查員與馬里昂的客服員都沒有告訴她，她必須簽署文件，宣告她終止申請程序才行。他們也沒有告訴她，她沒幫自己與丈夫申請醫療保險，可能會影響孩子的醫療補助。

後來，史代普家收到一封來自FSSA的信。那封信是寫給六歲的蘇菲，信上通知她，她將在一個月後失去醫療補助，因為她「未能配合」（failure to cooperate）確認自己有資格加入醫療補助計畫。那份通知短得嚇人又極其官僚，上面寫著：

郵寄日期：二〇〇八年三月二十六日

蘇菲・史代普您好：

MA D 01 (MI)

您的醫療補助福利將於二〇〇八年四月三十日終止，原因如下：

—未能配合確認資格

—未能配合核實收入

相關法規：470IAC2.1-1-2

重要提醒：如果您認爲您有資格獲得其他類別的醫療補助或有更多的佐證資訊，請在收到本通知十日內（若是郵寄通知，則是十三天內）撥打上列電話與我們聯繫。

史代普一家在二〇〇八年四月五日收到通知，那時離郵件寄出已過十天，他們只剩三天的時間可以聯繫FSSA並更正錯誤。

金立即採取行動，她寫了一封長信以解釋她的情況，並於四月六日（週日）傳真到馬里昂的辦公室。她在信中強調，蘇菲是靠醫療補助活下來的，她沒有其他的保險，光是醫療用品每月就要花數千美元，蘇菲的藥物將在五天內用完。金打電話到馬里昂的客服中心，客服員告訴她，蘇菲的醫療補助之所以遭到終止，是因為金沒有簽署文件，宣告她要停止申請之前的印第安納健康計畫。金抗議說，從來沒有人告訴她要簽文件。

但為時已晚。

印第安納州的制度堅稱，史代普一家未能配合福利資格的確認流程。根據該州的法律，懲罰是完全不能獲得醫療福利。那項制裁不僅影響試圖獲得醫療保險的金與凱文，也導致原本有醫療補助的蘇菲失去補助。金質問，為什麼另外四個孩子的醫療補助沒被終止，對方告訴她，他們也被終止了，她應該會再收到四封信。

史代普一家找上史金納，史金納從記者崗位退休後，在聯合長者行動（United Senior Action）擔任志工，為印第安納州的老人服務。二〇〇七年初，聯合長者行動開始接到印第安納州中部各地的個人與組織打來的電話：食物救濟站的貨架已經空了，緊急醫療協助的請求大量湧入聯合勸募會（United Way）。史金納從霍華德郡（Howard County）開始做獨立調查，造訪了縣長辦公室、當地的老人機構、天主教社服機構、老人中心和美國心理衛生協會（Mental Health America）。他發現，因「未能配合」而失去福利補助的人數多得驚人。

史金納覺得蘇菲的案子尤其駭人聽聞，他表示：「蘇菲才六歲，正在恢復健康。她學會了手語，開始走路了！她開始可以吃點東西，他們說，她自己能攝入三千卡路里時，就可以拔掉胃造廔管。她正在那個階段，卻因為未能配合而被取消醫療補助。」史金納回憶道，史代普一家找上他時非常絕望，需要立即採取行動。

史金納馬上聯絡「世代專案」（The Generations Project）的創始人兼負責人約翰．卡德威（John Cardwell）。世代專案是一個致力解決印第安納州長期醫療問題的組織。他們兩人召集了美國退休人員協會（AARP）和退休美國人聯盟（Alliance for Retired Americans）的同事，遊說相關機構，聯繫媒體，並召開緊急記者會。史金納駕駛一輛麵包車，載著蘇菲和她的父母前往印第安納波利斯州議會（Indianapolis State House）。史金納回憶道：「蘇菲穿著一件小洋裝，但悶悶不樂，她活得很辛苦。」他們推著坐在輪椅上的蘇菲，走進州長辦公室，史金納說：「後面跟著電視臺的攝影機，他們沒料到這個陣仗。」

州長米奇．丹尼斯（Mitch Daniels）從他們身邊走過，史金納回憶道：「坦白說，他有機會直接走向我們，但他從我們旁邊走過，FSSA的處長米奇．魯布（Mitch Roob）和他在一起。他們只是盯著我們看，繼續往前走。」凱文大聲叫住丹尼斯，請他和他們全家談談，但州長與FSSA的處長都沒理他。凱文後來推斷：「他們已經坐到那麼高的職位，不想處理那種問題。他們只想高高在上，想讓中介者出面處理。」於是，他們一群人要求丹尼斯下面的公共服務政策長勞倫．米爾斯（Lawren Mills）出來談，米爾斯答應與他們見面。隔天下午四點，蘇菲的醫療補助就恢復了。

蘇菲的情況並非特例。二〇〇六年，共和黨州長丹尼斯推動一項福利改革計畫，那項計畫依靠跨國公司來簡化福利申請，把社福個案調查民營化，並找出詐欺行為。丹尼斯長期以來一直反對公共援助。一九八七年，他擔任雷根總統的政治與政府間事務（Political and Intergovernmental Affairs）的助理時，就已經高調支持「消除AFDC」的計畫（後來失敗了）。近二十年後，他試圖在印第安納州消滅TANF。但這次他是透過高科技工具，而不是從政策制定著手。

丹尼斯州長喜歡把「工商電話簿測試」（Yellow Pages test）套用在政府服務上。他堅持認為，如果一種產品或服務在工商電話簿上找得到，政府就不該提供。所以，二〇〇四年他當選州長不久，就展開一場激進的運動，把該州的許多公共服務民營化，包括印第安納州收費公路、汽車監理所、公共援助方案。

丹尼斯任命魯布擔任FSSA的處長。在《印第安納波利斯星報》（*The Indianapolis Star*）上，丹尼斯稱讚本來在聯繫電腦服務公司（Affiliated Computer Services，ACS）擔任副總裁的魯布「致力維護弱勢群體的利益，也致力讓每一塊錢稅金發揮最大功效」。他們兩人的第一要務，是委託外部單位稽查「家庭與社會服務局這個可怕的官僚機構」（丹尼斯在二〇〇七年《南本德論壇報》（*South Bend Tribune*）的社論中如此描述ＦＳＳＡ）。二〇〇五年六月稽查報告公布後，有兩名ＦＳＳＡ員工因涉嫌竊盜、福利詐欺和許多其他的罪行而被捕。其中一人被指控和印第安納波利斯大信仰浸信會（Greater Faith Missionary Baptist Church）的教會領導人勾結，為自己及其他的教友建立人頭帳號，藉此私藏六萬二千四百九十七美元的糧食券與其他福利。這二名員工在ＦＳＳＡ任職的年資加起來共四十五年。

丹尼斯把握這個作秀的機會，在公開演講、新聞稿、報導中，一再把印第安納州的福利制度形容成「殘破不堪」、浪費、詐欺，是「美國最糟的福利制度」。魯布則是以該系統的高出錯率及糟糕的客服為由，在各地一再聲稱該系統已經爛到無法修復。二〇〇六年初，丹尼斯的政府發布一份招標書（REP），以便把ＴＡＮＦ、糧食券、醫療補助的資格認證流程外包及自動化。在那份招標書中，州政府設定了非常明確的目標：減少詐欺、削減支出、刪減福利救濟名單上的人數。

招標書寫道：「本州發現，糟糕的政策與運作助長了一些民眾依賴福利救濟的文化。提案者同意使用福利資格及其他方案，幫助民眾減少對福利援助的依賴，並轉而投入有償的工作環境，以期解決這個問題。」雖然州政府並未提供激勵或支援以幫助福利申請者配對工作，但招標書指出，ＦＳＳＡ願意針對「發現及否決不合格的福利個案」提供額外的財務獎勵。例如，如果提案的公司能藉由辨識「申請者的不實陳述」來「減少不合格的案例」，政府會「為其卓越績效支付報酬」。

當時，印第安納州的FSSA幫助約一百萬人取得醫療照護、社會福利、心理健康諮詢，以及其他形式的支持。二〇〇六年FSSA的規模相當大：有六十五．五億美元的預算與六千五百名左右的員工，但比十五年前小很多。一九九一年，印第安納州議會（Indiana General Assembly）合併了心理健康部、公共福利部、民眾服務部，並把許多職能外包出去。FSSA改採自動化時，已經把公務員的人數減半，並把百分之九十二的預算拿去向外部供應商購買服務。

每個人——福利改革的支持者、福利申請者、行政人員和立法者——都認同現有的福利系統面臨嚴峻的挑戰。FSSA使用一套非常過時的系統，稱為「印第安納用戶資格系統」（Indiana Client Eligibility System，ICES）來處理日常行政工作，例如資格計算、收入驗證等等。客服品質也參差不齊。二〇〇五年的調查發現，申請福利者面臨緩慢的處理流程，電話系統經常故障，民眾難以聯繫到社福個案調查員。美國農業部（USDA）的研究發現，糧食券申請者需要前往郡政府四次，才能獲得福利補助。不堪負荷的員工無法因應排山倒海而來的需求，處理速度跟不上堆積如山的申請文件[1]。

丹尼斯政府堅持認為，從面對面的社福個案調查轉為電子溝通，將使整個部門變得更有條理，運作更有效率。他們認為，更棒的是，把文件處理與資料收集外包出去可以騰出更多的人力，讓剩下的社福個案調查員與申請福利者更緊密地合作。丹尼斯與魯布提出令人信服的論點，大家也信以為真。

不過，丹尼斯對於FSSA的失敗所提出的一些說法則遭到質疑。例如，他聲稱印第安納州的福利制度是全國最糟的，那說法是根據該州把印第安納州人「轉出」福利系統的資料。在一九九六年福利改革後的那十年間，印第安納州減少公共援助人數的速度確實比其他州慢；但是在那之前，印第安納州的福利人數就已經出現大幅下降了。在安裝ICES及實施聯邦福利改革之間的三年裡，印第安納的福利案件數下降了百分之二十三。丹尼斯上任時，只有一小部分貧困的印第安納人獲得TANF的福利，僅百分之七十四合格的人獲得糧食券。儘管政府堅稱資格錯誤已經失控，但FSSA發布的糧食券錯誤率與全國平均水準一致。正錯誤率（沒資格請領福利卻領到福利的比率）是百分之四．四，負錯誤率（有資格獲得福利卻遭不當拒絕的比率）是百分之一．五。

那次招標僅收到兩份投標，一份是來自埃森哲公司（Accenture LLC），另一份是來自一個公司聯盟，名為「印第安納人自給自足聯盟」（Hoosier Coalition for Self-

Sufficiency）。這個聯盟是由ＩＢＭ和魯布的前雇主ＡＣＳ領導的。後來，埃森哲退出競標。二〇〇六年十二月二十七日，就在政府為這個議題舉行一次公開聽證會後，州長與ＩＢＭ／ＡＣＳ聯盟簽署了一份為期十年、價值十一．六億美元的合約。

丹尼斯在慶祝該計畫的新聞稿中宣布：「今天，我們採取行動以整治福利浪費，並為印第安納州的弱勢群體提供更好的機會，讓他們脫離福利制度，找到工作與尊嚴。我們會讓全美最糟的福利制度變得更好，讓它為印第安納州的居民提供更好的服務，也對納稅人及公務員更公平[2]。」丹尼斯政府表示，現代化專案將改善窮人與老弱殘疾者獲得服務的機會，同時節省納稅人的錢。它是透過資格認證流程的自動化來實現這點：以線上申請取代面對面的互動，在全州建立集中式的電話客服中心，並把一千五百位州政府的員工「轉移」到ＡＣＳ私營的電話中心任職。

在二〇〇七年《南本德論壇報》的社論中，丹尼斯稱讚他這套民營化計畫與自動化系統。他寫道：「現有的福利制度為人詬病。對印第安納州的納稅人來說，改革代表大量的節約：未來十年將節省五億美元，而且那還只是行政方面的節約。今天的高錯誤率和詐欺率都下降以後，節省的金額可能超過十億美元[3]。」三月，百分之七十的ＦＳＳＡ員工已經轉到私人承包商任職。十月，印第安納州的自動化專案在印第安納州中北部的十二個郡率先試行。

在試行的最初九週，有十四萬三千八百九十九人撥打免費電話，二千八百五十八人上網申請，系統幾乎是一上線就故障。印第安納法律服務處的傑米・安德列（Jamie Andree）回憶道：「電話預約系統簡直是災難。」那個單位負責為低收入的印第安納人提供法律協助。「例如，面談安排在上午十點到十二點，民眾必須在電話旁邊等候通知。結果可能一直等不到電話，或是在十一點四十五分才接到電話通知面談改在明天。」

特地為面談請假的民眾，往往無法為改到隔天的面談再請假一次。有些民眾接到通知，要求他們參加電話面談，但面談日期早就過了。美國農業部二〇一〇年的報告指出，一位糧食券領用者（二〇〇八年後，糧食券改稱「補充營養援助計畫」）把電話中心的電話號碼加入手機方案的「親友」名單中，因為她實在花太多時間和他們通電話了。無法完成電話面談的申請者，將因未能配合資格認定而被終止福利。安德列說：「這是非常非常非常糟糕的系統。」

此外，民營客服中心的工作人員並未獲得充分培訓，難以因應來電者面臨的嚴峻挑戰。他們也沒有獲得相關法規的充分資訊。有一些權益代表*（patient advocate）指出，客服中心的客服員在電話上哭了起來。泰瑞．韋斯特（Terry West）是印第安納州中部的病人權益代表，有十五年的工作經驗，他表示：「我清楚記得使用現代化系統後，我第一位打電話聯絡的人。她很年輕，沒什麼經驗……我提出一個問題，是一個申請遭拒的案子，我跟這位年輕的小姐講了約半小時，我一直引用適當的法規。約半小時後，她就開始哭了。她說：『我不知道我在做什麼。』她真的這樣講。我說：『沒關係，我以前做過社福個案調查員，我現在是直接從你們的政策手冊上唸出該怎麼做。』她只是一直哭。」

數百萬份駕照、社會安全卡和其他證明文件的影本，被傳真到格蘭特郡（Grant County）的一個中央文件處理中心。其中很多影本都消失了，所以權益代表開始說那裡是「馬里昂的黑洞」。每個月，消失的驗證文件（在所謂的「索引」流程中，未妥善地附在數位個案檔上）數量倍增。法院紀錄顯示，二〇〇七年十二月，約一萬一千多份檔案沒有加索引。二〇〇九年二月，近二十八萬三千份檔案消失，暴增百分之二千四百七十三。技術錯誤的暴增遠遠超越系統的使用。由於任一份消失的檔案都可能導致申請者被取消福利，那後果非常驚人。

為了加速資格認定而設計的績效指標，為電話客服中心的人員創造了不當的激勵效果，鼓勵他們提早結案。只要拒絕申請、再建議申請者重新申請，就可以縮短處理時間。但這會導致申請者必須再等三十天或六十天，才能接受新的資格判斷。有些作業混亂是簡單的錯誤、整合問題和技術故障。但許多錯誤是死板規定造成的，他們把任何偏離新申請流程的行為都解釋為拒絕配合，不管那些偏離有多麼無關緊要或是無心之過。

自動化對印第安納州的窮人與勞工階層的影響是毀滅性的。從二〇〇六年到二〇〇八年，印第安納州拒絕了上百萬份糧食券、醫療補助、現金福利的申請，比自動化前的三年增加了百分之五十四。

■ ■ ■ ■ ■

人稱雪麗（Shelli）的蜜雪兒．伯登（Michelle Birden）是來自科可摩（Kokomo）的年輕女子，她說起話來語氣溫和，態度認真。在這場自動化實驗中，她失去了福利。雪麗六個月大時被診斷出罹患癲癇，成年後，她每天得承受五次癲癇發作。儘管動了手術，植入迷走神經刺激器（vagus nerve stimulator，類似大腦的起搏器），自

*在醫療系統中幫忙指引病人的人，他們幫患者與醫療提供者溝通，以獲得醫療決策所需的資訊。他們可以幫患者預約就診與體檢，並獲得經濟、法律、社會支援，也可以與保險公司、雇主、律師、其他可能對患者的醫療需求產生影響的人合作。

動化實驗開始時，她依然「病得很嚴重」（她的形容）。二〇〇八年四月底，她收到FSSA寄來的重新認證通知。八天後，她把她的回覆、一大堆表格、其他文件傳真回去。六月二十五日，她收到一封日期為六月十二日的信，信中通知她，由於「未能配合確定資格」，她的醫療補助福利將在五天內終止。

那份「未能配合」通知本來是寄到一個過時的地址，所以延誤了配送。雪麗收到通知後，驚慌失措地打電話到客服中心。ACS的工作人員叫她上網修改申請。修改失敗後，她和男友傑夫．史都華（Jeff Stewart）打電話給客服中心好幾次，試圖找出問題所在。史都華回憶道：「我開始讀她的信，以便搞清楚該做什麼，該去哪裡，該打電話給誰。但是打電話根本沒有用，那就好像在跟電腦通話，而不是跟人說話。」

七月十一日，電話中心的人員讓雪麗聯絡上馬里恩僅存的幾位社福個案調查員。那位調查員告訴雪麗，她忘了簽一份必要的表格，但沒有告訴她是哪一份。這時，她的癲癇藥物已經快用完了。她的藥物每月要花近八百美元，她必須趕緊找到免費的藥物來源，否則就有可能出現嚴重的癲癇發作、恐慌症發作、頭暈、失眠、視力模糊，而且突然斷藥也提高了死亡的風險。

雪麗聯絡了聯合勸募會，他們為她提供了幾天的緊急用藥。工作人員也建議她立即針對「未能配合」的決定提出上訴。七月十四日，她再次聯繫馬里昂的辦公室，要求提出上訴。但對方告訴她，對六月十二日的裁決提出異議的三十天期限已經過了。現在對FSSA的決定提出上訴已經太晚了，她必須重新申請。

新的資格決定需要等四十五天，但她的藥只剩三天。

■ ■ ■ ■ ■

州長與FSSA承諾，自動化資格系統可以增加對用戶的掌控，促成更公平的申請流程，以及更及時的決定。在他們看來，原本的系統是以社福個案調查員為中心，有雙重問題。首先，社福個案調查員花在處理文件及收集資料上的時間，比「善用其社工專業來幫助用戶」的時間更多。第二，過時的資料系統讓社福個案調查員有機會與外部人士勾結，非法獲取利益，欺騙納稅人。舊制度需要社福個案調查員與個人及家庭建立一對一的關係，並追蹤個案直到結案。新系統是「自助服務」，以技術為中心，為客服中心的人員提供一份任務清單，而不是一份需要服務的家庭清單。沒有一個工作人員是從頭到尾監督一個案件。用戶撥打免費電話進來時，都是跟新的人員通話。由於丹尼斯政府認為社福個案調查員與用戶之間的關係容易引發詐欺，新系統的設計就是為了切斷這些聯繫。

FSSA把現有的記錄全部打包，轉移到印第安納波里斯的一個中央儲存設施。

這些書面記錄的封存，是為了將來開上訴聽證會時使用，但並未掃描存入現代化的系統。目前領取TANF、糧食券／SNAP、醫療補助的人，無論他們領取那些福利多久了，都必須重新提交所有的佐證文件。「所有證明家庭成員身分的文件（出生證明之類的東西）在系統現代化之前，都是存在地方FSSA的地方辦公室，但那些東西都消失了，彷彿不曾存在似的。」安德列回憶道：「所以系統現代化遇到的一個情況是，他們要求民眾交出一些模糊的東西，比如汽車產權證明，但一九八八年以後你已經不再擁有那輛車了。民眾必須交出FSSA早就持有的資料。」

即使民眾確實找到了幾十年前的舊文件，文件中心收到文件與承包商處理文件之間的延遲，一直被歸結為申請人的過錯。布隆明頓（Bloomington）的醫療補助律師（Medicaid attorney）克里斯．霍利（Chris Holly）估計，在自動化期間，他處理的醫療補助申請中，有百分之九十五出現資格認定錯誤。霍利指出，所有的錯誤都是州政府及承包商造成的，不是他的客戶。二〇一四年十二月，他表示：「我們在截止日期前提交了所有的文件，但我們依然因為『未能配合』而遭到拒絕。」文件處理需要三、四天的時間，但「他們從來不等，他們會在截止日或甚至在那之前就否決你的申請。而如果申請不通過，申請者也不會覺得是系統出了錯，他們會以為自己是因為資格不符才被否決，於是放棄。」

儘管如此，許多申請者還是排除萬難，努力爭取保留醫療保險或糧食援助。他們就像雪麗一樣，變成頑強的偵探，試圖在那個執行數十個頁面的複雜申請程式中找出錯誤。「未能配合」通知幾乎沒有提供他們任何指引，只是告知某個申請有問題，而不是具體告知問題所在。是文件缺漏、遺失、未簽名或難以辨認嗎？是用戶的錯，還是FSSA或承包商的錯？現居維哥郡（Vigo County）的退休社福個案調查員兼行政人員葛蘭．卡德威（Glenn Cardwell）指出：「『未能配合』是有效的技術用語，因為這樣講就變成用戶的問題，不是政府的問題，也不是承包商的問題。」

在以前的系統下，申請中的錯誤或遺漏既麻煩又耗時，需要社福個案調查員與用戶一起合作，以取得出生證明、醫療報告、收入證明、社會安全卡、租賃收據等文件。美國公民自由聯盟（ACLU）的律師蓋文．羅斯（Gavin Rose）回憶道：「在系統現代化以前，用戶可以打電話去問：『我收到這個通知，我需要做什麼？』他們會回答：『我來處理，現在傳真過來，我會把它放進你的檔案裡，我們會處理好這件事。』」在系統自動化之前，社福個案調查員只有在遇到用戶拒絕參與資格審查流程時，迫不得已才會祭出「未能配合」這招。系統自動化之後，這個用語就好像一把電鋸，清楚地切割福利名冊，一點都不在乎造成多少附帶損害。

雪麗談起那段記憶中最困惑、最可怕的經驗時，非常小心謹慎。最終她發現她漏掉的唯一簽名，她說：「我不得不回頭重新檢查我的文件。我以前都會把文件影印下來，我發現我漏了一個問題，結果他們就此切斷了我的福利。」二〇一五年我訪問她時，她回憶道，當時在生命受到威脅下，她感到孤立無援。她說：「他們沒有提供我們足夠的資訊，也不再派社工過來，而是讓我們自己處理這件事。」

雪麗雖然聰明又堅毅，但她不是完全靠自己的力量處理這件事。她獲得了權益代表史金納的幫忙，史金納因為認識FSSA的工作人員，可以迅速解決問題；雪麗的男友幫她處理這件事時，就好像那是他的第二份工作一樣；雪麗得到聯合勸募會的幫助，聯合勸募會給了她建議與支持。七月十七日，雪麗恢復了醫療補助，及時獲得藥物治療，保住了性命。七年後，隨著健康穩定下來，雪麗在沃爾瑪（Walmart）找到工作。她說：「我過得很好，真的能夠重返職場了，我覺得這條命很重要。」

但許多人就沒有那麼幸運了。霍利說：「身為律師，我們有幫忙解決問題的人脈，但那些需要幫助的普通人怎麼辦？他們是承受最多痛苦的人。」在FSSA工作近三十年的退休社福個案調查員珍・波特・格雷沙姆（Jane Porter Gresham）也認同他的說法：「我們之中最脆弱的群體——家裡有孩子得不到溫飽或需要醫療的家長、無法為自己爭取權利的殘疾者——首當其衝，受苦受難。」

文德弗爾（Windfall）的琳賽．吉德維（Linday Kidwell）也在系統現代化的實驗中失去了公共福利。二〇〇八年十二月，琳賽生下第一胎麥道斯（Maddox）六個月後，被告知她必須重新申請糧食券和印第安納州為低收入家長、孕婦與兒童提供的醫療補助方案「胡熱爾*健康保健」（Hoosier Healthwise）。十二月十日，她與馬里昂客服中心的工作人員進行電話訪談，對方告訴她需要提供什麼文件，其中包括她的伴侶傑克．威廉姆斯（Jack Williams）的薪資單（威廉姆斯在巴克霍恩餐廳工作，每週的稅前收入約四百美元）。十二月十九日，吉德維把薪資單以外的一切文件都傳真到文件中心，因為威廉姆斯的收入是直接匯入銀行，沒有薪資單。餐廳的老闆打電話到文件中心，詢問如何提供威廉姆斯的薪資證明。餐廳老闆按照他們的指示，寫了幾張薪資支票和金額，並在十二月二十三日把那些支票傳真到文件中心。

*胡熱爾（Hoosier）位於印第安納州西南部的格林郡（Greene County），屬於非建制地區（unincorporated area），印第安納州人民也被稱為胡熱爾人。

一月二日，吉德維收到一份醫療帳單，通知她的醫療補助遭到拒絕，她必須為最近的產後檢查自付二百四十六美元。一月四日，她去超市購物時，她的EBT卡（類似簽帳金融卡，上面有她的糧食券補助）被拒絕了。一月十五日，她收到FSSA的來信。

郵寄日期：二〇〇九年一月十三日

琳賽．吉德維您好，

FS01（XD）

二〇〇八年十二月十日您申請的糧食券被拒絕了。

您不符合資格，因爲：

—未能配合驗證收入

相關法規：7CFR273.2(d)

……

MA C 01（MI）

您的胡熱爾健康保健醫療補助將從二〇〇九年一月三十一日終止，原因如下：

—未能配合驗證收入

相關法規：470IAC2. 1-1-2

一週後，在提交「遺漏」文件的十三天期限內，吉德維去了提普頓郡的FSSA辦公室，提交一份更完整的薪資單和威廉姆斯最近三張薪資支票的影本。

吉德維讓FSSA在薪資報告及註銷的薪資支票上蓋上「已收到」的戳章，並要了一份影本。她看著FSSA的員工把她的文件掃描到系統中，並取得一份「掃描成功單」，以確認文件中心收到文件了。她也對之前「未能配合」的判決提出上訴。如果她啟動一個公正的聽證流程，在行政法官裁定終止其福利的決定是否正確之前，她的糧食券和醫療補助會先恢復。

提普頓郡的工作人員告訴吉德維，她應該重新申請福利，而不是上訴。那個人堅稱，那樣做比較快，也比較容易，但吉德維拒絕了。她不想重新申請，她想上訴，因為她認為FSSA的決定是錯的。

三週後，一個年輕男子打電話來告訴她，她很快就會收到一封郵件通知——她的醫療補助案的聽證會已經安排好了。接著，他建議她放棄上訴。他說，當時他眼前的電腦顯示，吉德維從來沒有提交威廉姆斯的薪資單，所以她會上訴失敗。但吉德維握有薪資單的影本，上面蓋著「已收到」的戳章。她也有註銷的支票和掃描確認單，她堅稱一定是系統弄錯了。但這些都不重要，她回憶道，對方只說：「我在電腦裡沒看到最近的薪資單，法官只會查電腦，他只要看到沒薪資單，就會判妳敗訴。」

■　■　■　■　■

一九六〇與七〇年代福利權運動的一大勝利，是把福利重新定義為受惠者的個人財產，而不是可以隨意給予或拒絕的慈善施捨。活動人士透過上訴裁決及要求進入所謂「公平聽證」的行政法律程序，成功地質疑公共援助的不公平。

一九六八年，紐約八位被拒絕正當程序的人發起集體訴訟，促成最高法院在「戈德伯格訴凱利案」中做出裁決。這個深具歷史意義的案例宣判，所有的福利受益人都有權在福利遭到終止之前，獲得聽證會：這種流程包括及時與適當的通知、揭露反證、公正的決策者、交叉詢問證人、僱用法律代表的權力。

福利權運動把公共福利重新定義為財產而非慈善，藉此確立了公共援助的受助者根據美國憲法第十四條修正案，必須獲得正當程序。最高法院大法官威廉．布倫南（William Brennan）認為，突然終止援助不僅剝奪了窮人的生存方式，也剝奪了他們對政府的決定提出適切挑戰的能力。布倫南寫道：「從建國以來，我國的基本承諾就是促進境內所有人的尊嚴與福祉。因此，公共援助不單只是慈善，而是一種『增進大眾福利，確保我們自己與子孫後代享有自由』的方式[4]。」

印第安納州的自動化系統所帶來的深遠與根本改變，使它無可避免地與戈德伯格訴凱利案所保障的窮人正當程序權發生衝突。印第安納州ACLU的律師羅斯與賈桂琳・鮑伊・蘇斯（Jacquelyn Bowie Suess）代表印第安納州中北部十幾位因「未能配合」而失去醫療補助、糧食券或TANF援助的個人，提出名為「普度訴摩菲」（*Perdue v. Murphy*）的集體訴訟。他們的案件明確地質疑他們在自動化系統下失去正當程序權。

ACLU提出以下指控：通知不完整、「未能配合」的套用範圍太廣，沒有社福個案調查員的新系統剝奪了殘疾者平等獲得公共援助方案的機會。他們也宣稱，無辜遭拒的申請者愈來愈難獲得他們僅剩的最後手段：公平聽證。客服人員的預設立場，是讓自動化系統的決定凌駕行政法程序，勸阻申請者上訴，鼓吹申請者重新申請，也不告知申請者的權利。申請者覺得他們無處求償。

ACLU在下級法院（lower court）勝訴後，「普度訴摩菲」最終送至印第安納州最高法院。最高法院裁定該州「未能配合」的通知是違憲的，也沒有提供足夠的正當程序保護。不過，最高法院推翻了下級法院的裁決，認為該州確實有權以「未能配合」為由來拒絕申請者，因為某個時點「未能」配合與「拒絕」配合會趨於一致。此案迫使FSSA制定更完整、更具體的通知，但是在印第安納州的資格認定程序中，幾乎沒有恢復社福個案調查員的個人化關注，也沒有停止使用「未能配合」為由來清理福利名單。

■ ■ ■ ■ ■

「法官只會查電腦，他只要看到沒薪資單，就會判妳敗訴。」二〇〇九年二月客服中心的人員這樣告知吉德維，這些話簡直是夢魘。儘管吉德維已經蓋章證明她提交了所有適用的薪資單資訊，那句話還是讓她信心動搖了。她應該取消上訴嗎？萬一上訴輸了，她必須償還等候裁決的過程中所獲得的一切福利，那包括好幾個月的醫療與食物帳單。

儘管吉德維知道自己是對的，但沒人能保證她上訴成功。萬一上訴失敗，對她剛成立不久的家庭來說，將會帶來更多的債務。她在電話裡問那個客服人員，在決定是否繼續上訴之前，她能不能先和顧問談談。他說：「不行，我現在就需要答案，妳要不要上訴？」她鼓起勇氣，重申她需要公平的聽證會。

對方一聽，就把電話掛了。

吉德維記得上訴聽證會很直截了當。二〇一七年她回憶道：「我去上訴，他們說，基本上是他們搞砸了，我沒欠他們錢。」她的家庭符合福利方案的一切資格要求，他們的印第安納醫療補助方案及糧食券福利都正式恢復了。

然而，她與FSSA交手的經歷至今仍縈繞在她的心頭，揮之不去。資格驗證自動化後，她的家庭近十年來一直自給自足，後來她離婚了。二〇一七年我訪問她時，她知道她可能有資格從FSSA獲得援助。她說：「這段期間我過得比較辛苦，我是單親媽媽，有全職工作，但不見得足夠。」系統自動化期間的經歷，使她遲遲無法決定要不要再次申請福利補助。「他們刻意刁難。我現在申請的話，也許可以拿到補助，但之前遭到拒絕的經驗……我哭了，我做了他們要求我做的每件事。我甚至不知道承受那麼大的壓力值不值得。」

■ ■ ■ ■

申請TANF、糧食券／SNAP、醫療補助的人，不是唯一受到自動化決策影響的印第安納州人。這是我在二〇一五年三月前往威恩堡（Fort Wayne）採訪社福個案調查員的原因，我想瞭解他們在印第安納州那項實驗中的經歷。

威恩堡是印第安納州的第二大城，位於東北部，俄亥俄州以西約三十公里，密西根州以南約八十公里的地方。奇異（GE）和國際收割機公司（International Harvester）在那裡設廠，但於一九七〇年代與八〇年代關廠或大幅削減勞力。下午我開車前往第一個採訪地點時，行經全國郵遞員協會（National Association of Letter Carriers）的總部、以自製莎莎醬與瓶裝辣醬聞名的喬治國際市場（George's International Market），以及窗外掛著「喜歡啤酒請按喇叭」牌子的盧叔鋼鐵廠酒吧（Uncle Lou's Steel Mill Tavern）。我駛過鐵軌，越過最近因泛洪而暴漲的聖瑪麗河（St. Marys River），來到一群兩層樓平房的社區。

FSSA退休社福個按調查員珍·波特·格雷沙姆迎接我進入她那棟潔淨的白色住家。我們坐在她家前廳的藍色棉絨沙發上，她穿著藍色的T恤和開襟羊毛衫，胸前配戴著醒目的木質十字架。她在FSSA工作了二十六年（一九八五年到二〇一一年），在系統自動化之後退休。即使已經退休四年了，我們對談時，她那圓潤的臉龐仍不時浮現憤怒與沮喪之情。「你從那些第一次來FSSA的人眼中，可以看出恐懼。他們害怕我會做什麼，他們對我說：『我從來沒想過我需要來這裡。』他們沒有意圖欺騙系統，他們不知道還能去哪裡。我們身為公務員的責任，是確保有資格的人獲得他們應得的福利。」

格雷沙姆憑藉幾十年的經驗與資歷，在系統自動化推廣到艾倫郡（Allen County）時，設法保住了她在州政府的工作。但在新制度下，不再承接大量的社福個案，而是負責新的「工作流程管理系統」（Workflow Management System，WFMS）所分配的任務。任務是由一千五百名新的ACS員工與六百八十二位剩下的州員工輪流承擔，這些人如今的工作職稱是「州資格顧問」。

州長承諾，不會有任何公務員因系統自動化而失業，薪資將保持不變或增加，但增設ACS新職位啟動了一波退休潮與辭職潮。自動化後，他們被迫重新申請現職（有的人已經在職幾十年了），並提交犯罪背景調查及藥檢資料，但重新申請後卻發現他們的職位從家鄉的郡立辦公室轉調到一個區域性的客服中心。如果新工作距離目前的工作地點超過八十公里，他們會得到搬家津貼，但許多人拒絕為了不穩定的新工作離鄉背井。

在資格檢驗自動化以後，沒有員工「擁有」或監督個別案例，他們只負責處理WFMS分派給他們的任務。那些案件不是在申請人居住的郡裡處理。現在，任何員工都可以使用新系統接聽來自任一郡的任何電話，即使他們對來電者的所在地一無所知。「我們接到來自全州各地的電話，」格雷沙姆說，「我們啟動那套流程之前，我從來沒聽過（印第安納州東南部的）弗洛伊茲諾布斯（Floyds Knobs）！我根本不知道那個地區有什麼服務。」

她認為，把社福個案調查簡化為任務導向的系統，對工作人員與申請者來說都是不人道的。「新系統像在工廠工作一樣，如果我想在工廠工作，我早就去工廠應徵了……上面要求你像工人那樣『產出』，但你聽完申請者的狀況後，根本做不到。」在格雷沙姆漫長的職涯中，她見到的多數申請者都有心理創傷——水災或火災、疾病或事故、家庭暴力或長期失業造成的。「經歷過創傷的人希望情況能夠好轉，希望有人關心，希望自己不是孤軍奮戰。」她說，「我認為，在系統自動化之前，我們就是在做這些事情。我們聽取他們的說法，然後採取行動，以期情況好轉。」

在FSSA工作三十年、專門從事難民援助工作的弗雷德·吉伯特（Fred Gilbert）說：「我們成了任務系統的奴隸。就像其他民營的客服中心一樣，這裡只在乎『事實』，但福利制度非常複雜，那是社福個案調查員的工作，我們的任務是幫大家渡過難關。」

州長與IBM／ACS聯盟承諾提供更及時的裁定、更有效的資源運用、更好的客服。但社福個案調查員經歷了連串的技術故障，大量的錯誤（導致申請速度緩慢或終止），還要幫那些缺乏培訓的民營部門的工作人員處理他們捅出來的婁子。ACS員工犯的錯誤都是交給州政府的公務員去改正，這給那些所剩不多的資深公務員帶來了龐大的工作量。

到了二〇〇九年的夏天，積壓的個案已近三萬二千筆，等候上訴聽證會的人數多達六千五百人。FSSA的每月管理報告顯示，FSSA向美國農業部申報的糧食券資格錯誤率高得嚇人。從二〇〇六年到二〇〇八年，總錯誤率暴增到原來的三倍多，從百分之五．九升至十九．四。多數暴增是來自負錯誤率，百分之十二．二的糧食券申請明明符合資格，卻遭到拒絕。該州民眾等候糧食券裁決的時間過於漫長，甚至因此引起美國農業部的關注並揚言對該州進行經濟處罰。

為了符合合約的基本要求（維持高時效性），再加上積壓的案件愈來愈多，這導致大量的申請遭拒，以及電話中心的人員習慣建議申請者「重新申請」。吉伯特回憶道：「規則變得很嚴苛，申請者只要忘了一件東西，例如三十份文件中的一份，你就乾脆以『不符合規定』結案……你無法特別費心去助人。」

回到訪問現場，格雷沙姆沉思了一下。

接著，她表示：「不久，消息就傳開了。大家開始口耳相傳：如果你想按時領取福利，就親自去一趟福利辦公室，因為他們必須和你面談。」她說，「得知這個消息的人擠爆了我們的辦公室，每個人都忙得不可開交……我們並沒有節省空間與租金，也沒有節省人力，最後大家都累垮了。」

格雷沙姆眼看著優秀的同仁操勞過度，她自己的健康也開始惡化。「辦公室的士氣空前低迷，大家人心惶惶，毫無同甘共苦的情誼，你只能孤軍奮鬥。」她傷感地說，「到最後，我發現這已經影響到我的健康，我的人際關係。我是撐到最後才離開的少數幾個。」

■ ■ ■ ■ ■

印第安納州的窮人與勞工階級的家庭遭到FSSA的排擠後，只能依賴地方政府、志工與彼此。印第安納人眼看著排隊等候幫助的絕望人群，冥頑不靈的州政府機構，以及不屑一顧的民營電話中心人員，大家終於奮起反擊。印第安納州的蒙夕（Muncie）是自動化首批試行區域中最大的城市，也是民眾反抗自動化的中心之一。

沿著三十二號州道穿過人稱「美國小城」（Middletown，USA）*的蒙夕，可以驅車飽覽這座城市最近的工業歷史。從西部開車前來這座城市時，首先映入眼簾的是已廢棄的博格華納（BorgWarner）*工廠，占地九．二五公頃。一九五〇年代，該公司僱用了五千人，為福特卡車組裝變速器，但該廠於二〇〇九年關閉了。再往前行駛二英里，右手邊會路過一大片鋪了柏油的空地，那是通用汽車的舊廠所在地。工人在那裡為一九六〇年代的肌肉車（muscle car）*製造出名的蒙夕M-22「碎岩」四速變速器，但工廠已於二〇〇六年關閉。二〇一五年我造訪蒙夕時，德拉瓦郡（Delaware County）中央鎮區（Center Township）受託人辦公室的就業看板上，只有幾個寥寥可數的就業機會：園丁、建築管理員、餐飲服務、百事可樂貨運司機。

印第安納州細分成一千零八個六平方英里的鄉鎮，每個鄉鎮都有一個地方政府辦事處，由當地課徵的財產稅資助，並由鄉鎮委員會及民選的受託人管理。雖然每個鄉鎮辦事處的運作都有點不同，但他們的一大職責是管理當地的濟貧工作。二〇〇七年十月，自動化系統幾乎是一上線就掛點，系統掛點癱瘓了整個德拉瓦郡的受託人辦公室。案件協調長金・墨菲（Kim Murphy）說：「大家都非常震驚，不知所措，整個慌了。」蒙夕的家庭已經因為連串的工廠關閉而飽受失業之苦，現在又被終止糧食券、現金援助、醫療補助。中央鎮區的受託人瑪麗蓮・沃克（Marilyn Walker）指出：「他們很困惑，也不知道該找誰處理。這裡沒有福利個案管理，沒有人脈，沒有機構之間的溝通，簡直就是最大的爛攤子。」

《蒙夕星報》（*Muncie Star Press*）報導，截至二〇〇八年二月，德拉瓦縣領取糧食券的家庭數量減少了百分之七・四七，但印第安納州領取糧食救濟的家庭總數上升了百分之四。打電話到聯合勸募的「Life Stream 211」電話熱線詢問糧食救濟資訊的電話多了一倍。印第安納州中央東部的第二豐收食物銀行（The Second Harvest Food

---

* Middletown 原本是指一般或典型的美國小城，雖然美國很多地方的地名就叫 Middletown，但經典社會學研究（Middletown studies）是鎖定蒙夕作為研究對象，所以有此稱號。

* 美國汽車零件供應商。

* 內建高性能引擎的雙門轎跑車。

Bank）面臨嚴重短缺。地方的公立墓園抱怨，他們為許多窮人辦了總值數千美元的葬禮，但都沒有收到補助款。

政府鼓勵民眾透過新的線上系統申請服務，但蒙夕的低收入家庭和其他地方的低收入家庭一樣，無法經常上網。多數申請者必須依靠社區的合作夥伴（例如當地圖書館、糧食救濟站或診所）才能上網申請。FSSA積極招募社區組織加入志願社區援助網路（Voluntary Community Assistance Network，V-CAN）來支援這個新系統。

FSSA要求沃克用她辦公室現有的電腦及員工來幫蒙夕的民眾提交公共援助的申請，她斷然拒絕了。「我得知他們打算這樣做時，我心想：『什麼！見鬼了！我才不要！』」他們試圖讓其他組織來做他們的工作。」她回憶道：「我們的工作量已經超載了。」沃克讓需要傳真文件及參加電話訪談的人使用她的辦公室，她的員工也不辭辛勞地幫助申請者，但她死也不肯變成V-CAN的合作夥伴。「我覺得做FSSA的工作不是我們的責任。」

公立圖書館受到自動化專案的衝擊特別嚴重。如今已退休的蒙夕公立圖書館館長金妮．尼爾斯（Ginny Nilles）指出：「我們看到很多絕望的人大排長龍，等候協助。」V-CAN的合作夥伴做那些相當於志願社工的工作，但幾乎沒獲得任何補償、培訓或監督。圖書館員訓練社區志工來幫那些申請者提交福利申請，但圖書館很快就人滿為患。

當預算削減迫使圖書館減少工時及裁員時，情況又更加惡化。

尼爾斯說，圖書館員與志工做得很好，但也有嚴重的問題。「對圖書館員來說，保密非常重要。那些表格問非常私密的問題，如果申請者不會用電腦，我們就有責任大聲讀出問題並獲得答案，例如社會安全碼、身心健康狀況。志工很棒，但圖書館員是有給職，他們有責任保密。」

世代專案的卡德威指出：「地方機構是受害者。」他在整個自動化的過程中，與在地的非營利組織密切合作，「FSSA把工作丟給他們，迫使他們服務成千上萬他們沒有義務服務的對象，忙著幫民眾恢復福利。他們認識那些民眾，不會冷眼看著他們失去醫療與食物補助。」

面對系統失靈，需求增加，以及州政府乏善可陳的幫助，公共援助的受助者、社區組織、信託人辦公室開始組織起來。一個名為「關切的胡熱爾人」（Concerned Hoosiers）組織架設網站，讓FSSA與ACS的工作人員分享他們使用現代化系統的經驗。印第安納家護任務小組（Indiana Home Care Task Force）舉行記者會以宣傳自動化實驗的影響，並起草示範法律以扭轉損害。福利民營化問題委員會（Committee on Welfare Privatization Issues）是由服務提供者、權益代表、福利領取者所組成。它下面有一個小組委員會，為那些面臨福利終止的人提供緊急排解措施，安排新聞報導以凸顯印第安納州的家庭所受的影響，並發起活動向政策制定者施壓，要求他們停止自動化的推廣，並終止IBM／ACS的合約。他們以典型的印第安納幽默，把他們的組織縮寫成「COWPI」（與「牛糞」同音），以清楚表達他們對新系統的看法。

全州各地紛紛召開市民大會，以討論福利現代化的問題。安德森（Anderson）在二〇〇八年四月率先召開市民大會，接著蒙夕、布隆明頓、特勒荷特（Terre Haute）、科可摩等城鎮也紛紛召開。其中最成功的一次是二〇〇八年五月十三日舉行的蒙夕民眾市民大會。沃克與墨菲是精明的主辦者，他們為那場大會印製了傳單，並把傳單發送給社服機構、便利商店、圖書館。他們說服美元樹折扣商店（Dollar Tree）在每位顧客的購物袋中放入傳單。他們把大會安排在第二豐收食物銀行免費發送糧食的時間，並邀請州參議員蘇・埃林頓（Sue Errington）、州參議員提姆・拉南（Tim Lanane）、州眾議員丹尼斯・泰勒（Dennis Tyler）等當地的議員來開會，聽取那些受影響的選民陳情數個小時。他們也邀請了魯布，起初他不願出席，但隨著市民大會的日期逼近，他改變了主意，要求沃克在會場上為一小群社福個案調查員、八臺電腦、一臺影印機騰出空間，以幫助與會者現場解決他們的福利資格問題。

五百多人參與了那場會議。一大群公共援助的受助者在現場指證歷歷：電話無人接聽，文件遺失，福利莫名其妙遭到終止。蒙夕的梅琳達・瓊斯（Melinda Jones）是一個罹癌的母親，有一個十個月大的孩子，她正努力把握現有的醫療補助與糧食券。她說：「為了給女兒溫飽，我不得不向家人乞求及借錢。我覺得我們這樣對待孩子實在很荒謬。」

克莉絲蒂娜．金（Christina King）是罹患糖尿病的職業婦女，有三個孩子，她在自動化流程中失去了醫療補助。她有七個月無法支付胰島素，血糖失控，隨時都有中風或昏迷的風險。「七歲的孩子走進來，我卻無法下床時，那有什麼用？」她問道：「我因為沒錢買藥，在加護病房待了三天。現在我有腎衰竭和失明的風險，但我還是每天起床去上班，因為我認為向孩子示範『不要依賴體制』很重要。我需要幫助，不是施捨。我獨自撫養三個孩子，我努力向孩子展示『不要像我一樣，你們要做得更好』。」

失聰、失明、殘疾、精神病患者受到的衝擊特別嚴重。「我耳聾，那要怎麼做電話訪談？」戴安娜．麥蓋爾克（Dionna McGairk）透過手語翻譯問道，「我請電話中心的人員使用我的轉播服務，他們不懂什麼是轉播服務。」電話中心的人員告訴她，她需要找人幫忙申請公共服務時，她回答：「不要，我可以自己回答問題，你們根本是歧視失聰者。」

蒙夕辦完市民大會後，隔天，州眾議員泰勒發了一封信給印第安納州議會的同事，要求召開夏季大會，以解決自動化系統的問題。他對《印第安納新聞聯線》（*NewsLink Indiana*）的喬．瑟馬克（Joe Cermak）說：「印第安納州沒做好本分。你不會想把這個系統看成故意找民眾麻煩的系統，但是當它糟到這種地步時，你很難不作他想。」幾天後的五月十九日，IBM／ACS聯盟收到FSSA發出的「繼續執行」命令，在印第安納州東北部與西南部的另外二十個郡推出自動化系統。

這個現代化的系統現在已遍及印第安納州九十二個郡中的五十九個，為四十三萬名社服用戶提供服務，幾乎是該州社福個案數量的一半。五月三十日，惡劣天候（包括龍捲風、暴雨與大風）來襲，導致該州普遍洪水氾濫成災。IBM／ACS聯盟把員工從常規工作中調去支援水患，為數千人取得緊急救濟金，但這也讓原本已經大量積壓的一般公共援助申請者必須等候更久。

幾週後，布隆明頓舉行市民大會，州參議員維．辛普森（Vi Simpson）和州眾議員佩吉．韋爾奇（Peggy Welch）與麥特．皮爾斯（Matt Pierce）聽取了申請者的證詞，並盤問了FSSA的家庭資源部主任札克．梅因（Zach Main），他是魯布的得力助手。那場市民大會的參與者提出了與蒙夕民眾類似的擔憂：電話總是占線，顧問辦公室的諮詢要等待好幾天，「未能配合」通知武斷又不清楚，V-CAN合作夥伴未獲得培訓或支持。梅因顯然很沮喪，他回應了大家對新系統的批評：「我今天來這裡不是為了爭論，不是為了辯解。我來這裡當然不是為了告訴你們，這個系統的一切都很完美。我要告訴你們的是，我們正努力投入……丹尼斯州長上任時，印第安納州在兒童死亡人數上是全國第一，在福利轉就業方面是全國倒數第一。我們的系統無疑已經壞了，結果本身就說明了這點。」

他面對的是整屋子懷疑、甚至不肯相信的群眾。如果結果本身說明了一切，它們究竟說了什麼？辛普森與韋爾奇處理選民投訴已經三個月了，他們根本不想接受梅因的說法。他們對他追問了一些問題：「未能配合」通知為何如何模糊，社福個案調查員為何支援不足、FSSA為何不為其自身的流程負責，州政府為什麼不懲處IBM與ACS的糟糕表現。

韋爾奇質問梅因：「梅因，我很抱歉，我們一再聽到民眾抱怨電話面談時間。他們告訴民眾：『我們將在二點到四點之間打電話，你最好等著接電話。』但電話根本沒來。隔天早上八點他們才打電話來，卻說民眾『未能配合』。這種問題確實存在。」辛普森補充提到：「民眾看到拒絕通知上寫『未能配合』，根本不知道那是什麼意思。以前，他們可以打電話給他們的社福個案調查員，瞭解他們少了哪份文件，或忘了在哪裡簽字，或有什麼問題。現在他們找不到人詢問了。」

媒體報導自動化流程引發一些令人揪心的實例，例如，一位修女的醫療補助遭到終止；絕望的病人在臨終前幾個月奮力爭取恢復醫療保險；食物救濟所的糧食都被搶光了。食品營養局是負責為美國農業部管理糧食券的單位，它的地區局長奧利斯．霍爾登（Ollice Holden）寫了一封信給魯布，要求FSSA延緩自動化的進一步實施。聯邦政府對漫長的裁決等待時間感到擔憂。

州長面臨該州議員日益尖銳的質疑，民主黨的州眾議員皮爾斯說：「我在眾議院內提出質疑，我說：『這根本是類似火車事故的重大災難，每個人都應該知道，這個東西正在傷害民眾，我們真的必須解決這個問題。』」州長抨擊那些抱怨是黨派惡鬥，丹尼斯在接受《艾凡士維快報》（*Evansville Courier & Press*）的訪問時反擊：「我告訴你那是怎麼一回事吧，議員聽取那些從舊制度牟利的人投訴，那是投訴的主要來源[5]。」

■　■　■　■　■

丹尼斯認為，自動化實驗唯一傷害的人是福利騙子。但是，當同黨議員也開始攻擊這個專案時，事實證明他的論點根本站不住腳。二〇〇八年十月，共和黨的州眾議員蘇珊娜．克勞奇（Suzanne Crouch）與州參議員瓦妮塔．貝克（Vaneta Becker）起草了一份法案，要求在醫療補助監督專責聯合委員會（Select Joint Commission on Medicaid Oversight）進行徹底審查之前，停止擴大新的資格驗證系統。二〇〇八年年底，丹尼斯宣布把他的朋友兼同事魯布從ＦＳＳＡ調走，改派他擔任該州的商務部長及印第安納經濟發展公司（Indiana Economic Development Corporation）的執行長。他任命魯布的幕僚長安妮·沃特曼·摩菲（Anne Waltermann Murphy）領導陷入困境的ＦＳＳＡ。

摩菲接管ＦＳＳＡ不到三個月，就要求ＩＢＭ提交一份修正行動計畫，以改善三十六個服務缺失，包括等待時間太久、文件遺失、資料不精確、訪談安排問題、緩慢的申請處理、提供不正確的指示給用戶等等。

ＩＢＭ反駁，合約中沒要求他們回應修正行動計畫，但ＩＢＭ同意評估現有的運作，並建議系統需要改進的地方。《新聞與論壇》（*News and Tribune*）雜誌的肯·庫斯默（Ken Kusmer）報導，ＩＢＭ發布了一份長達三百六十二頁的計畫以解決問題，其中包括在七月底解決「不準確、不完整的資料收集」和「不正確的用戶通信」[6]。

摩菲鼓勵長期擔任福利官員的理查·亞當斯（Richard Adams）與羅傑·齊默曼（Roger Zimmerman）提出「備援計畫」，以防ＩＢＭ無法或不願做出那些改變。亞當斯在普度訴摩菲案的證詞中提到，他們兩人共進午餐時，在餐巾上概略設計了一種「混合系統」，那套系統可以恢復「自動化以前」ＦＳＳＡ的某些流程。

丹尼斯繼續為自動化實驗辯護，堅稱印第安納州不會放棄高科技福利改革，而且

「這個問題會隨著時間經過自行解決」。但政治風向已經改變，現在大家開始臆測丹尼斯有意參選總統，失敗的自動化實驗讓印第安納州和他的行政團隊都感到尷尬。二〇〇九年十月，這位已經放眼全國民眾的州長做了一件出乎意料的事。他承認實驗失敗了，並取消與ＩＢＭ的合約，聲稱該專案是「有缺陷的概念，實務上根本行不通」。

■ ■ ■ ■ ■

二〇一〇年五月，印第安納州控告ＩＢＭ公司違約，索賠四．三七億美元。印第安納州聲稱，自動化實驗造成有缺陷的福利拒絕，傷害了貧困的印第安納人，並要求ＩＢＭ償還他們因運行自動化系統而獲得的近五億美元，外加訴訟、聯邦罰款、州政府員工加班的賠償金。ＩＢＭ反過來控告印第安納州，並要求該州為它仍用來判斷福利資格的伺服器、硬體、自動化流程、軟體，賠償約一億美元。後來ＩＢＭ贏得了這場官司，並獲得了超過五千二百萬美元的賠償。

馬里昂高等法院的法官大衛．德雷爾（David Dreyer）在支持ＩＢＭ的判決中寫道：「雙方都不配贏得這場官司。這樁案子顯示錯誤的政府政策與過於熱切的企業野心所構成的『完美風暴』。整體而言，雙方都有責任，印第安納州的納稅人顯然是輸家。在這起案件中，沒有任何東西可以彌補納稅人損失的金錢或印第安納州貧民的個人痛苦，本院也無力彌補。」

在對ＩＢＭ的訴訟中，州政府指控ＩＢＭ沒有如實陳述它把複雜的社會服務專案加以現代化的能力，而且無法達到合約要求的績效標準。施行自動化的郡幾乎在每個績效方面（及時性、積壓的個案數量、資料完整性、資格判斷錯誤、上訴的數量），都落後於尚未自動化的郡。

印第安納州甚至指控ＩＢＭ隨意操縱流程，好讓績效看起來更好。州政府聘請的律師辯稱：「自動化的郡之所以上訴大幅增加，一大主因在於ＩＢＭ聯盟的工作人員在處理申請方面遠遠落後，所以ＩＢＭ常建議他們否決申請，好讓及時性的數字比較好看，但隨後他們又叫申請人提出上訴。等待上訴期間，聯盟的工作人員會處理申請，並在聽證會那天同意發放福利。」這個官司的訴狀顯示，「在那三年間，ＩＢＭ在自動化系統頻頻出錯的同時，創造了高於預期的利潤。」

ＩＢＭ反駁，州政府一直對他們的投入讚不絕口。二〇〇八年五月，魯布向州議會報告：「相較於過去，我們在全州以更及時的方式服務更多的人[7]。」二〇〇八年十二月，丹尼斯州長表示，新系統「遠比以前的系統好」。ＩＢＭ承認，新系統在管理超載方面確實有問題。但ＩＢＭ聲稱，問題是由它無法控制的因素造成的。二〇〇八年的經濟大衰退、新的「健康印第安納計畫」（Healthy Indiana Program）、二〇〇八年的洪水把申請福利的人數推高，超過了雙方的想像。

德雷爾法官認為訴訟雙方都有無能與疏忽的問題。他指出，儘管ＩＢＭ推出混合系統（以ＩＢＭ的工具、軟體、技能為基礎），但印第安納州仍要ＩＢＭ繼續投入該專案。不過，由於二〇〇九年初州議會把ＦＳＳＡ的預算刪光，導致州政府沒錢支付更改訂單或修改合約的費用。摩菲在寫給ＦＳＳＡ同事的一封電郵中寫道，ＩＢＭ「在毫無收益下，不會承諾繼續推進……他們想要更多的錢！我們現在沒錢了，二〇一〇年財政年度剩下的時間，我們都沒錢了，真是一團亂[8]。」當ＩＢＭ因為收不到錢而拒絕做更多的工作時，印第安納州乾脆切斷了中間人，終止他們的合約，同時留下他們的裝置、流程、分包商。

州政府和ＩＢＭ都把計畫的失敗歸咎於他們無法控制的外力。但實際上，ＩＢＭ聯盟完全實現了印第安納官員的要求：不計一切代價，減少福利人數。

■ ■ ■ ■ ■

在訴訟中，印第安納州和ＩＢＭ都避免多談失敗的自動化實驗對印第安納州民眾的影響。州政府打從一開始就知道，它所做的一切會給公共援助的受助者及其家庭帶來巨大的風險，也找出自動化系統「可能產生重大風險的地方」，但「他們的結論是

『現狀不可接受』」，並繼續推動計畫[9]。

在整個自動化實驗的過程中，計畫的目標始終沒變：換成任務導向的系統，並切斷社福個案調查員與社福用戶之間的人際關係，以提高效率及消除詐欺。這些目標清楚反映在合約的衡量指標中：電話客服中心的回應時間是關鍵的績效指標，資格判斷的準確性則不是。合約中提到效率提升與節約費用，但隻字未提透明度與正當程式。

德雷爾法官指出，自動化實驗的問題不在於承包商的疏忽。印第安納州與ＩＢＭ之間的合約並無重大違約。他在調查結果中總結道：「合約重點雖然有時不合常規，但在整個計畫執行中始終沒變。」州政府實現了控制社福成本的目標。承包商只對發包者及股東負責，沒有義務衡量自動化實驗對印第安納的窮人與勞工階層的影響。自動化實驗的問題，不在於ＩＢＭ／ＡＣＳ聯盟未能實現目標，而在於州政府及其民營的合作夥伴拒絕預測或解決該系統的人力成本。

州政府與ＩＢＭ針對德雷爾法官的判決進行連串昂貴的上訴後，二〇一六年三月，印第安納州最高法院裁定，ＩＢＭ確實有重大違約，但該判決的目的只是為了究責及確立罰則。誠如德雷爾法官所指，「印第安納州訴ＩＢＭ案」（*Indiana v. IBM*）是關於重大違約，而不是大眾信任或大眾利益受損。民營化實驗的真正代價——弱勢家庭失去拯救生命的福利，納稅人為合約及法律訴訟付出的代價，公共服務系統與民主進程遭到削弱——仍有待計算，而且恐怕難以估量。

印第安納法律服務處的安德列說：「民眾為此付出了昂貴的代價。苦苦等候醫療補助的申請，代價高昂，那真的很難讓人安心度日，令人心力交瘁。多數人在資格確定期間，只能停止醫療照護，他們所承受的傷害是無法彌補的。」

■ ■ ■ ■ ■

現在，該州使用混合資格審查系統，結合「與公務員面對面互動」與「電子資料處理」及「自動化系統的民營化管理」。它的設計讓申請者可以透過打電話、上網、郵寄或親自聯繫等方式，聯繫一個區域性的社福個案調查團隊，藉此增加申請者與公務員的聯繫。但混合系統的許多核心功能仍依賴民營自動化的流程，並保留了自動化過程中造成許多問題的「任務導向案例管理」。在混合系統中，地方辦事處重新配備了人員，作為問題解決中心。區域性與全州的「變更中心」（二〇〇九年全錄公司（Xerox）以六十四億美元向ACS收購了這個事業）則是負責審查申請，收集文件並把文件數位化，安排預約，篩查有詐欺意圖的申請，處理公平聽證申請，為申請者提供第一個聯繫點，並為多數案件更新資料。

二〇〇九年改用混合系統後，確實讓那些最猛力抨擊自動化系統的人平息下來了。然而，對那些應得社福利益的人來說，這個系統是否運作得比較好，則還不確定。二〇一四年十二月，醫療補助律師霍利表示：「他們捨棄ＩＢＭ，改用混合模式時，績效略有改善。對我這樣的人來說，它們變得比較好。幫助窮困弱勢的人，可以直接到地方辦事處解決問題，所以對我們是有利的。但我覺得他們沒照顧到一般人。我不會說他們收買了我們，但他們回應了我們的需求，我們是抱怨最大聲的人。」

二〇一〇年五月，艾凡士維（Evansville）的議員蓋爾・瑞肯（Gail Riecken）投書《威恩堡日報》（*Fort Wayne Journal Gazette*）的文章，也呼應了霍利的觀點：「ＦＳＳＡ處長摩菲指出，在混合制度下，因錯誤及決定有誤而提出上訴的人較少，但目前尚不清楚上訴人數減少的原因。那是因為系統變好了嗎?還是因為民眾已經放棄抗爭了呢？[10]」

對一些社福個案調查員來說，混合系統只是名稱不同的自動化系統罷了。格雷沙姆說：「我沒看到任何變化，我們依然被迫加班，還是有一樣多的人要求面對面的面談，工作量並未減少……當初最大力抨擊的人，需求獲得了滿足。」我問她，為什麼現在比較少聽到大家抱怨混合系統的問題，她回答：「熟悉社福個案該如何處理的資深員工都已經不在了。」退休的ＦＳＳＡ員工兼權益代表卡德威也認同格雷沙姆的說法，他表示：「對，我們不滿意混合系統，但我們之所以不再發聲，部分原因在於我們已經精疲力竭。我們打贏了一場重要的戰役，但我們從來不確定我們是否贏了戰爭。」

蘇菲的父親凱文說：「他們設置那個系統，只是為了掩人耳目，把問題藏起來。依靠公共援助的人沒有發言權，這是我們直接前往州議會的原因之一。」金在一旁附和：「讓他們看看真正的受害者！」凱文朝著妻子點點頭，他說：「我們不介意站出來。」但有很多人不知道該做什麼，或覺得自己太弱勢，無法捍衛自身權益。「我太太很執著，也很有智慧。我的意思是，對她來說，正確提交所有的文件應該是最輕鬆的。我實在無法想像那些技能較少的人怎麼面對這種情況……我知道他們做不到，也沒有那樣做。」

霍利指出：「這個系統似乎不是為了幫助民眾而設立的，而是為了逮住不法分子。我們的法律講究『疑罪從無』，也就是說，寧可讓十個有罪的人不受制裁，也不要讓無辜的人入獄。但自動化實驗正好相反，徹底顛覆了這點。」自動化資格判斷的假設是：寧可否決十個符合條件的福利申請人，也不要讓一個不符合條件的人獲得福利。霍利說：「他們本來有機會建立一個反應靈敏又有效的系統，並確保符合社福資格的人獲得那些福利。我的直覺是，他們並不尊重需要政府援助的人。」

二〇〇八年秋天，艾凡士維的歐美加．楊（Omega Young）因癌症末期住院治療，錯過了重新認證醫療補助資格的預約。楊的癌細胞已由卵巢擴散至腎臟、乳房、肝臟，化療使她虛弱消瘦。楊有一張圓臉，膚色黝黑，兩個兒子皆已成年，重病在身使她難以符合新福利制度的申請要求。她聯繫范德堡郡（Vanderburgh）的客服中心，讓他們知道目前她正住院治療。但她依然因「未能配合」而被取消了醫療補助與糧食券。

《印第安納波利斯星報》（*Indianapolis Star*）的記者威爾．希金斯（Will Higgins）報導：「五十歲的楊，獨居在一間小公寓裡，陷入驚慌，不知所措[11]。」她打電話給西西莉亞．布倫南（Cecilia Brennan），布倫南在艾凡士維的西南印第安納地區老人委員會（Southwestern Indiana Regional Council on Aging）任職，之前她一直幫楊處理福利申請案子。楊在電話上哭著問布倫南：「我該怎麼辦？」楊的妹妹克利絲朵．貝爾（Christal Bell）忍著沒告訴媒體，申請醫療補助遭拒加速了楊的死亡，但她確實譴責自動化系統使楊臨終的日子充滿了極度的擔憂與麻煩。貝爾的姊夫湯姆．威利斯（Tom Willis）告訴希金斯，他常對楊隱瞞醫藥費，以免她一直掛念著積欠的一萬美元。

由於失去福利補助，楊無法支付醫藥費用，失去糧食券，付不起房租，也無法享有免費就醫的交通服務。楊於二〇〇九年三月一日過世，翌日（三月二日），楊針對

FSSA不當終止其福利所提出的上訴終於獲勝，福利補助得以恢復。

公共福利制度向來取得不易，對黑人女性來說更是如此。最嚴格的資格規定向來是針對她們設立的。在一九七〇年代福利權運動興起之前，有關單位選擇性地解釋「適合家庭」和「可就業的母親」這兩個規定，以阻止黑人女性申領福利。「家中有成年男性」或「代理父親」等規定則是把侵犯她們的隱私、評判她們的性生活、入侵她們的住家等做法加以合法化。一九七六年，雷根在競選演說中批評「福利女王」琳達·泰勒（Linda Taylor）奢華的生活方式，就是為了把福利申領者的形象描繪成黑人女性。雷根於新罕布夏州的共和黨總統初選演說中提到：「芝加哥有一位女性，她有八十個姓名、三十個地址、十二張社會安全卡、四個不存在的已故丈夫讓她申請退伍軍人眷屬福利。她利用每個假名獲得醫療補助、糧食券，享有社會福利，光是免稅的現金收人就高達十五萬美元[12]。」泰勒最終被控使用四個假名，而不是八十個；免稅現金收入是八千美元，而不是十五萬美元。但雷根誇大的指控獲得廣泛的迴響，福利女王的形象一直深植人心，成了民眾對公共援助的一大誤解。

即使是今天，稽查研究發現，相較於白人的福利申請者，有色人種的申請者在地方福利辦公室仍需要面對社福個案調查員較多不專業的行為，例如刻意隱瞞重要資訊、拒絕提供申請以及其他形式的無禮行為[13]。在黑人比例較高的州，福利申請規則和工作要求比較嚴格，對福利申請者的懲罰率較高[14]。社福個案調查是一種複雜的工作，依賴人際關係，不僅需要細膩精明的心思，也需要慈悲心，而且容易受到社會上普遍的種族、階級、性別偏見所影響。有些人擔心，福利資格的審查過程中，有過度的自由裁量權——那是很合理的擔憂。社福個案調查員有時確實會因為固執或潛意識的偏見，拒絕個人的福利申請。

在印第安納州，多數公共援助的受助者是白人，但種族仍在自動化實驗中扮演重要的角色。州長丹尼斯利用城鄉關係的緊繃及白人種族焦慮等心理，一再把福利系統描述成充滿福利依賴、詐欺、犯罪和勾結等問題，儘管證據顯示僅一小部分符合公共援助資格的人真的獲得福利救濟，而且詐欺對FSSA來說問題並不是非常嚴重。他用來證明福利制度有嚴重問題的案件（大信仰浸信會傳教士詐騙案），被告是黑人。我們很難不懷疑丹尼斯和他的「反AFDC導師」雷根一樣，偷偷煽動印第安納人對種族、階級、公共援助的刻板印象，以爭取大家支持改用自動化、民營的福利系統。

印第安納州中，黑人人口最少的郡先試推自動化系統。實驗推廣到黑人比例較高的印第安納波利斯與蓋瑞市（Gary）之前就停止了。然而，自動化實驗雖然測試的對象主要是貧窮的白人，卻對黑人有深遠的影響。人口普查資料顯示，二〇〇〇年，黑人占該州TANF人數的百分之四十六・五，白人在該計畫中占百分之四十七・二。

二〇一〇年自動化實驗結束時，TANF與糧食券受助者的白人與黑人比例差距急劇擴大。儘管印第安納州的黑人人口在那十年間是增加的，但TANF名單上的白人比例變成百分之五十四．二，黑人僅占百分之三十二．一。即使資格自動化實驗主要是在白人社區試行，黑人家庭仍感受到最嚴重的影響。

從公共援助的資格審查流程中，移除真人的自由裁量權，似乎是解決黑人在福利系統中持續遭到歧視的有效方案。畢竟，電腦對每個案例是套用同一套規則，沒有偏見。但過往的經驗顯示，以僵化的規定來取代真人的自由裁量權，只會加劇種族差異所造成的傷害。

例如，一九八〇年代與九〇年代，國會和許多州頒布一系列「嚴懲犯罪」的法律：針對許多類別的犯罪，規定強制性的最低刑期，也取消法官的許多自由裁量權。諷刺的是，不止保守派的法治人士推動這項改變，一些進步派的民權人士也是這類法律的推動者，因為他們認為司法自由裁量權的偏見，在量刑時造成了種族差異。

過去三十年的證據清楚顯示：刑事司法系統中的種族差異惡化了很多。二〇〇〇年，民權與人權領袖會議（Leadership Conference on Civil and Human Rights）的報告〈審判中的正義〉（Justice on Trial）寫到：「在強制量刑的法規下，少數族裔的處境，遠比採用自由裁量權的司法系統還糟。強制量刑的法規取消了法官公正判決的最終權力，把量刑自動化[15]。」

自動化決策可以使政府變得更好，事實上，追蹤系統資料有助於發現有偏見的決策模式。但司法有時需要變通的能力。印第安納州的實驗把人類的自由裁量權從第一線的社服人員移給工程師和民營承包商，因此加劇了歧視。

他們把自動化實驗的「社會規格」（social specs）編寫到績效指標與業務流程中，那些社會規格是建立在一些對社福申請者的老舊假設上，深受種族與階級偏見的影響，例如：社福申請者好吃懶惰，需要政府「督促」才會自食其力；社福申請者生性狡猾，易於詐欺作假，政府需要一再勸阻他們濫用公共資源。那些假設都是基於種族與階級的刻板印象，也受到刻板印象的強化，像楊那樣的窮困黑人婦女為此付出了代價。

■ ■ ■ ■ ■

新的高科技工具可以讓測量與追蹤更精確，讓資源分享更方便，並提高目標族群的能見度。在致力提高窮人與勞工個人自主權的系統中，這些工具將保障法律賦予他們的權益。在這種前提下，整合的資料與現代化的管理不見得會對窮人造成不好的結果。然而，在我們目前的福利系統中，自動化決策的運作很像古老的懲罰與遏制模式再現。它對福利申請者進行篩檢，把他們踢出公共資源。它的作用像守門員，而不是輔助者。

印第安納州的自動資格認證系統強化了該州已發展成熟的剔除機制，使看來已經很有效率的回絕申請系統變本加厲。藉由提高公共福利的門檻及加重違規行為的懲罰，它大幅縮減了領取福利救濟的人數。即使後來改採混合系統，在經濟大蕭條以來最嚴重的景氣低迷期間，該州TANF案件數量的降幅仍比全國平均水準還高。隨著印第安納州貧困人口的增加，福利救濟的案件數量卻異常下降。二〇〇六年州長與IBM簽署合約時，有百分之三十八家中有幼童的貧困家庭從TANF獲得現金福利。到了二〇一四年，這個比例已降至百分之八。

像楊、吉德維、雪麗等苦苦掙扎的民眾是自動化的第一批受害者，他們承受了那個系統最可怕的影響。儘管史代普一家人排除萬難，恢復女兒的醫療補助，但那段經歷給他們帶來了沉重的打擊。金說：「那段時間，我的大腦一片混亂，因為壓力太大了。我一心只想幫蘇菲恢復醫療補助，但每個人都罵我們是白垃圾、乞丐，我常為此痛哭，那感覺好像陷入一種虛無的真空中。」

從史代普夫婦開始反抗自動化實驗到我造訪他們的七年間，蘇菲的生活改善了：她的體重增加，學會手語，上學並結交了朋友。但我去提普頓造訪這家人的八天後，史金納寄了一封電子郵件給我：「報告一個令人悲痛的消息：金・史代普打電話告訴我，小蘇菲過世了。週五她身體不適，嘔吐不止，週六他們發現她死亡時，她像胎兒一樣蜷縮著，狀似平靜。醫生說她的心臟直接停止跳動了。」

最終，印第安納州的自動化實驗成了一種數位化剔除窮人與勞工階級的形式。它剝奪了他們的福利、應有的正當程序、尊嚴與生命。世代專案的卡德威表示：「我們並未以該有的方式善待同胞。我們基本上是對印第安納州很大一部分的人說：『你一文不值。』這對人來說，是多麼可怕的糟蹋。」

3

洛杉磯的高科技無家可歸者服務

美國最後一個貧民窟（Skid Row），是一個半平方英里的露天帳篷營地，就在洛杉磯市中心娛樂區的邊緣。一九四七年，《獨立晚報》（*Evening Independent*）的哈爾・博伊爾（Hal Boyle）稱這裡是「窮人的地下世界，體現了美國社會的各種徒勞無望、落魄失意，是已經放棄夢想、陷入絕望的人前往的地方[1]」。五十八年後，《洛杉磯時報》的史蒂夫・洛佩茲（Steve Lopez）把這個街區描寫成「最底層匯集之地，一國之恥。一個充斥著疾病、虐待、犯罪、悲慘厄運的地方……移動廁所裡盛行藏汙納垢的勾當……尿液仍在排水溝裡流淌[2]」。

二〇一五年十二月，我來到洛杉磯，以探索這裡的協調入住系統。那個系統的目的，是為該郡最弱勢的無家可歸者配對適合的居住資源。協調入住系統號稱是無家可歸者服務界的Match.com，它就像線上交友網站，幫無家可歸者配對居住資源，過去五年在全美各地非常熱門普遍。這套系統的支持者包括美國住房及城市發展部（US Department of Housing and Urban Development，HUD）、終結無家可歸現象全國聯盟（National Alliance to End Homelessness）、許多在地的無家可歸者服務供應商，以及財力雄厚的資助者，例如希爾頓基金會（Conrad N. Hilton Foundation）、蓋茲基金會（Bill & Melinda Gates foundation）等等。

協調入住系統的支持者認為，協調入住系統創造了一種「求助有門」（no wrong

door）*的方法，幫無房者在眼花繚亂的服務中找到合適的選項，並提供一種標準化的流程，以減少各機構間的資源浪費、重複、雙重收費等問題。該系統也收集、儲存、共用了無家可歸者的一些私密資訊。它記下他們經歷的創傷、因應機制、感受與恐懼，然後加以分類並排序。

■ ■ ■ ■ ■

對許多人來說，貧民窟代表著無盡的敗壞與絕望。然而，就像任何「過於簡化」的故事，這種敘事往往隱藏的事情比揭露的還多。在一八七〇年代，這片街區主要是柑橘園。到了一九二一年，這裡已具備了家庭生活所需的一切必備設施，包括公立學校、急救醫院、有軌電車、教堂、工廠、車間、倉庫和零售商店等。一九三〇年代，隨著大量的外來勞工移居此地，這裡逐漸變成窮人區，隨處可見廉價住房與窮困現象，但同時也出現蓬勃熱絡的社群與活躍的政治活動。例如，共產黨打著「不要挨餓——抗爭！」的口號，在這裡組織了許多失業委員會，帶頭抗議施膳處的吝嗇施捨，也抵制經濟大蕭條時期窮人所遭受的驅逐。

大家對貧民窟的刻板印象，是上年紀白人男性聚集的地方，但這裡的人口一直以來都很多元。一九三九年，休斯頓・歐文（Huston Irvine）在《洛杉磯時報週日刊》（*Los*

Angeles Times Sunday Magazine）的一期中寫道：「這裡的人口組成，可能比任何美國城市的類似街區還要混雜❸。」他提到在這裡工作、生活、玩樂的有猶太人、希臘人、義大利人、德國人、法國人、埃及人、中國人、日本人、美國原住民、墨西哥人、美國黑人。二戰期間，隨著新的勞工前來這裡尋找國防業的穩定工作，居民人數大幅增加。

然而，一九四九年《美國住房法》（American Housing Act）的通過帶來了災難。該法提供聯邦資金以拆除破敗的建築，同時支援開發八十一萬間讓勞工家庭居住的國宅。緊鄰貧民窟西北方的邦克丘（Bunker Hill）因此被夷為平地，拆遷了七千三百一十間住房。那裡原本充滿了維多利亞式的住宅、寄宿公寓和廉價旅館。

城市建設管理員吉伯特・莫里斯（Gilbert E. Morris）光是在貧民窟，就開了六萬五千張違反建築法規的罰單。那些罰單要求屋主自費翻修及抗震改造房子，否則那些老宅都會遭到拆除。許多人選擇拆除。一九五〇年代的「翻修潮」，從貧民窟移除了四千一百六十五間旅館客房，以及一千三百七十九間其他的住宅，有近千棟的建築遭到拆除。一九五九年，馬格納・懷特（Magner White）在為《洛杉磯審查報》（*Los*

＊亦即零拒絕服務；只要進入服務體系，就會獲得需要的服務。

Angeles Examiner）撰寫的特刊中吹噓，洛杉磯正在「向世界展示如何終結貧民窟」。

一九二一年至一九五七年間，這個街區出現驚人的轉變。藥局、書籍裝訂店、咖啡烘焙店、劇院等小店家都消失了，一區又一區的木造住宅也不見了，取而代之的是停車場或閒置空地。以前曾是工會職業介紹所的建築，變成了遊民解決「三餐起居」的場所。

有人提議用聯邦政府資助的低收入住房來取代拆除的住房，但洛杉磯的白人中產階級堅決反對。反對者指出，興建一萬間平價國宅的計畫是「控制洛杉磯住房的紅色陰謀」＊。他們積極阻止「伊利森公園高地」（Elysian Park Heights，一個種族融合的國宅區）的興建，指控那是「搞共產主義」，並藉此要求眾議院非美活動調查委員會＊（House Un-American Activities Committee）去調查城市住房局（City Housing Authority）。

反對國宅的抗爭對洛杉磯產生了深遠的影響，不僅限制了可用住房的數量，也加深了種族隔離。拆除的街區本來住了許多有色人種與貧窮的白人，例如邦克丘有許多原住民；原本提議興建伊利森公園高地的查維斯峽谷（Chavez Ravine），主要是墨裔美國人聚居的地方。這些社區遭到拆除後，白人中產階級利用特別公投、敵意對抗和直接暴力等方式，阻撓低收入住房的擴建計畫。因此，洛杉磯的國宅數量僅是同規模城市的一小部分，而且大多是建在有色人種的社區。例如，根據一九四九年《美國住房法》建造的住房中，有一半是建在沃次（Watts）。當時的種族限制規定大多不允許黑人入住，沃次是少數允許黑人居住的地區。

一九六〇年代，貧民窟的可用住房再次減半。「中心城」（Centropolis）整體計畫拆除了更多的建築，在社區的周圍建設了一條輕工業帶，並把重建資金集中投入附近的商業區。於是，可用的住房存量從大約一萬五千間銳減至約七千五百間。隨後，在一九七〇年代，規劃者準備了一項提案〔所謂的「銀皮書」（Silver Book）〕，以永遠趕走貧困的居民。

銀皮書的名稱源自那份提案所用的金屬質感封面，充滿了未來感。那個提案是市中心商人委員會與洛杉磯市政府共同努力的成果。該計畫建議，把貧民窟剩下的部分全部夷為平地，像之前的邦克丘那樣。拆除現有的住房，並把社區居民送到一個大規模的戒毒康復中心後，南加州大學與加州大學洛杉磯分校就可以在那裡展開校區擴建工程。

但是，天主教勞工組織（Catholic Workers）、法律扶助基金會（Legal Aid

＊一九五〇年開始，冷戰的緊張局勢引發美國大眾普遍的擔憂，害怕共產主義的顛覆，掀起所謂的紅色恐慌。

＊負責調查與共產主義活動有關的嫌疑個人、公務員與組織。

Foundation）、洛杉磯社區設計中心（Los Angeles Community Design Center）所領導的社區活動人士與居民，提出另一項計畫與之競爭。他們的「藍皮書」（Blue Book）提案保護貧民窟裡剩餘的單人住房旅館（Single Room Occupancy hotels，SRO），並鼓勵市政府與當地的非營利組織投入資源，以改善該區的住房與社會服務。《窮困潦倒與被捕人生：貧民窟的治安與日常》（*Down, Out, and Under Arrest: Policing and Everyday Life in Skid Row*）的作者福雷斯特·史都華（Forrest Stuart）指出，一般普遍認為貧民窟是無法無天、令人恐懼的地方，藍皮書計畫之所以勝出，至少有部分原因在於組織者與社區的領導人以非傳統的方式來看待這個貧民窟。

活動人士威脅道，要是拆除貧民窟，大批的遊民與窮人將會流落到洛杉磯的郊區街頭。有些人認為，藍皮書計畫其實是一份協議，把貧民窟當成統一收容無家可歸者的地方。但另一些人認為，那是一場出奇成功的抗爭，為貧民窟那些窮人與勞工階級的居民保住了土地與住房。

在最近幾年之前，藍皮書保護貧民窟的開創性策略確實發揮了效用。那裡一直是為窮人、勞工階級、無家可歸者「騰出來的社區」。四十年來，面對洛杉磯市的「惡意忽視」策略，這裡的居民努力創建了自己的社區。但過去十年間，這個社區經歷了迅速的轉變。年輕的專業人士不願住在郊區、不想忍受洛杉磯的通勤交通，選擇在市區找簡陋的公寓。於是，迎合富人需求的服務隨之而來，例如手作食品店、現打果汁店、精品咖啡館。這裡的夜店也充分利用了這區豐富多元的過去，但以裝潢隔出特殊的入口，並把裡面供應的酒水價格提高。

二〇〇六年至二〇一三年間，洛杉磯市中心的居民人口增加了二萬三千五百人以上。過去五年豪宅租賃的建設熱潮，使洛杉磯市中心的空房率達到百分之十二（二〇〇〇年以來的新高），但一房的租金中位數落在二千五百美元，而且很難找到平價住房。隨著創意產業的族群所喜愛的 Loft 風格*住房持續擴建，市中心與貧民窟之間的邊界從主街（Main Street）向東移至洛杉磯街（Los Angeles Street），接著又移了一個街區，抵達楓樹大道（Maple Avenue）。小東京區（Little Tokyo）的擴張也對貧民窟北部的邊界造成類似的壓力：那條邊界從第三大街移動到第四大街以南。貧民窟在十年內失去了約十六塊街區，面積縮水了三分之一。

如今的貧民窟是一片對比鮮明的區域。在一塊又一塊的街區裡，中產階級的專業人士住在一棟棟「生活工作合一」的 Loft 風格建築中，屋頂挑高，使用各種不銹鋼的家電用品。窮人則是住在臨時搭建的帳篷。週末，路人推著 BabyBjörn 高檔嬰兒車，

---

*由舊工廠或舊倉庫改造而成，少有內牆隔間的高挑開敞空間。

行經鄰居撿破爛的手推車。我第一次造訪該區時，驚訝地看到一個男人在標榜「為寵物與主人提供前衛設計與社交體驗」的Pussy&Pooch寵物精品店前的人行道上睡覺。那個男人是個身形瘦高的年輕黑人，他把頭靠在路緣，把黑色T恤拉上來蓋住臉，以擋住正午的豔陽。一隻長腿苗條的狗和身材一樣纖細的狗主人經過他的身邊，走進店裡，他們可能是去店裡的美食吧享用美食。那隻狗還穿著鞋子，但躺在門口的男人沒鞋子穿。

許多市中心的居民（無論是新來的還是居住已久者）稱讚這區對如此鮮明的對比有強大的包容力，但有跡象顯示，這裡的社會結構正在崩解。誠如希勒爾．亞倫（Hillel Aron）在《洛杉磯週刊》（*LA Weekly*）所寫的，一家開在小東京羅福大樓（Little Tokyo Lofts）的心理衛生中心原本打算擴建，以利用一樓的商業空間，但遭到鄰居的抵制。那些鄰居透過請願，成功阻止了該社服機構的擴張。無獨有偶，二〇一四年，一項提案提議把長期遭到忽視的塞西爾旅館*（Cecil Hotel）改建成永久性的輔助住房大樓，讓三百八十四名長期無家可歸者居住，但郡政委員否決了該項提案。

■ ■ ■ ■ ■

每天晚上，貧民窟約有二千位居民睡在貧民救濟會或緊急庇護所。另有六千五百人住在單人住房旅館，或是為罹患精神病、健康不佳、成癮者提供社會服務的輔助住房（supportive housing）。約三千到五千人睡在戶外人行道上搭起的帳篷裡。一九五○年以來，貧民窟總計移除了一萬三千多間低收入住房，這些住房原本足夠容納上述所有的無家可歸者。

如今，一排又一排蓋著藍色與黑色防水布的帳篷，取代了昔日的廉價旅館與廉租公寓。他們把小心裁切的紙箱當成地板與牆壁，以塑膠儲物箱來保護衣物、食物、餐具、讀物，以防風雨、髒汙及老鼠侵害。容量五加侖的桶子可作為儲物桶、座椅、臨時廁所。遭到警察或清道夫驅趕時，他們就以手推車把家當從一區搬到另一區，彷彿真人版的棋子在棋盤上移動。

我在這個街區行走時，親眼目睹了一些善舉與勇氣，讓我相當感動。例如，一個紅色的帳篷裡，一個乾淨的睡袋上擺著一本聖經；在格拉迪斯大道（Gladys Avenue）邊一座臨時搭建的棚子裡，有人以黑色的簽字筆寫下「讓感恩成為你的態度」。我在街角與這裡的居民做了有趣的交流。天黑後，一些善良的街頭露宿者陪我走到巴士站，再回去人行道睡覺。我也遇過一些騙子和瘋子威脅我，還有一些兜售毒品或嘴裡咕噥

＊二○一三年此處曾發生加拿大學生藍可兒命案，但這之前，就有不少人在這間旅館自殺身亡，該旅館因此被喻為世上最邪門的旅館。

著「屌……屌、屌、屌」的男人亂摸、騷擾和尾隨我。

居民在貧民窟面臨著真正的挑戰，但他們也在這裡找到了價值與社群。六十歲的亞歷山大（T.C. Alexander）住在格拉迪斯大道與第六街的交叉口附近，是個聲音沙啞的社群組織者。二〇一五年一月，我第一次造訪那裡時，他向我解釋：「這裡非常真實，我在這裡感受到的關愛，比在城裡的其他地方還多。這裡的人雖然窮困潦倒，但他們會停下來跟你說話，與你握手。」人稱多貢將軍（General Dogon）的貧民窟人權捍衛者是我的嚮導，他接著亞歷山大的話說：「在主街的另一邊，那裡的人走過你身邊時，就像路過一根電線杆。」

■ ■ ■ ■ ■

協調入住系統的建立，是為了解決洛杉磯郡住房供需嚴重失調的問題。在協調入住系統出現以前，無家可歸者是使用一套複雜的等候名單與社服專案系統，那需要極大的耐心、毅力與運氣。只要有消息傳出市中心某家單人住房旅館有一個房間空出來，就會吸引許多沒有家屋可居的人湧到那家旅館外頭排隊好幾天，以期獲得一個屬於自己的房間。

在以前的制度下，無家可歸者服務的供應商不僅競爭有限的資金，也競爭可提供的稀缺住房。蘭普社區（Lamp Community）是貧民窟的一家社服機構，專門為罹患精神病和其他殘疾的人士提供住房。蘭普社區的協調入住員派翠莎．麥克修（Patricia McHugh）表示：「在協調入住系統出現以前，等候名單往往是根據物業管理者或租屋處的偏好來安排。大家對於以前的狀況有多糟、制度有多腐敗，都有很多糟糕的體驗可以拿出來講。」以前那套系統最糟的是，把住房分配給身心最健全的人，但那住房也不見得適合他們的需求。

協調入住系統是根據兩種理念設計的，那兩種理念代表無家可歸者服務的模式轉型：優先順位（prioritization）與供給住房優先（housing first）。優先順位是根據賓州大學（University of Pennsylvania）丹尼斯．庫爾漢（Dennis Culhane）的研究，他的研究將無家可歸者分為兩類：危機性與長期性。那些因危機而無家可歸的人，往往經歷了「短期的緊急情況，例如驅逐、家暴、突發疾病、失業、出獄後重返社區」[4]。庫爾漢認為，這種緊急狀況通常會自己解決：他們在庇護所短暫停留後，就會找到可以同住的家屬、獲得新資源或搬走。一筆小額短期的資金可以「助他們一臂之力，避免他們陷入惡性循環」而變成長期無家可歸。

相對地，那些長期無家屋者比較常陷入無家可歸的狀態，而且時間拖得比較久。庫爾漢的研究顯示，長期無家可歸的成年人「有行為健康問題與殘疾的比例較高，需要更複雜的社會援助」[5]。對他們來說，永久性的輔助住房是適當又有效的解決方案。洛杉磯改採優先順位模式，就是認為現狀不適合長期無家可歸者。但需求與資源之間有配對不當的現象：危機性無家可歸者獲得的資源，比較適合長期性無家可歸者；長期性無家可歸者則是什麼都得不到。

協調入住的另一個概念轉變是「供給住房優先」理念。在此之前，無家可歸者服務機構大多是採用「住房準備就緒」（housing readiness）模式，申請者必須經過不同的專案階段以後才能入住。露宿街頭或睡車裡的人，可能需要先進入緊急庇護所，再轉入過渡性的住房方案，最後才獲得獨立的住房空間。每個階段都有一套行為規範（戒酒、遵循治療、就業），作為決定申請者能否進入下一階段的門檻。住房優先原則的出現，是因為有關當局知道，申請者在沒有穩定的住房下，很難因應其他的挑戰。住房優先原則是盡快把個人及家庭安置在一個獨立的公寓裡，然後在適當的情況下提供他們志願性的援助與治療服務。

■ ■ ■ ■ ■

「永恆家園」（Home for Good）是大洛杉磯聯合勸募會（United Way of Greater Los Angeles）與洛杉磯商會（Los Angeles Area Chamber of Commerce）合作的專案，這

是一種結合優先順位、住房優先、先進科技等三種方式，於二〇一三年推出的協調入住系統。他們承諾在一百天內，為貧民窟內一百位最弱勢的無家可歸者提供住房。為了完成這個雄心勃勃的目標，他們需要按照需求，排出一份完整的貧民窟無固定居所者名單。他們挑選一種可以收集大量資訊及篩選風險行為的評估工具，並打造了一個數位註冊表來儲存資料。接著，他們設計兩種演算法，按照弱勢程度來排列那些無家可歸者，為他們配對住房機會。

當社服人員或志工在無家可歸者申請加入庇護所，或是社工進行街頭探訪，使用「弱勢指數—服務優先順位決策輔助工具」（Vulnerability Index—Service Prioritization Decision Assistance Tool，VI-SPDAT）把無家可歸者加入內部服務方案時，協調入住流程就開始了。這個調查包含一些非常私密的問題，例如：

- 「過去六個月，你去急診室就醫幾次？用過幾次危機服務，包括性侵危機、心理健康危機、家暴／親密伴侶暴力、危難求助中心和自殺預防熱線？」
- 「你做過有風險的行爲嗎，比如賣淫、販毒、與陌生人發生無保護措施的性行爲、共用針頭之類的？」
- 「過去一年，你曾威脅或試圖傷害自己或他人嗎？」[6]

調查也會收集一些私密的個資，例如社會安全碼、姓名、生日、人口統計資訊、退伍身分、移民與居住身分、一天的不同時段可在哪裡找到受訪者本人。調查也會收集家暴史、自己申報的病史（包括心理健康和藥物濫用問題）。調查者還會詢問受訪者可否拍照記錄。

無家可歸者在接受 VI-SPDAT 調查之前，需要先簽一份同意書。那份同意書告訴他們，那些個資將與「一些組織分享，包括無家可歸者服務的供應商、其他社服組織、住房管理小組、醫療服務供應者」。受訪者若提出要求，他們會提供受訪者更完整的隱私權聲明。受訪者閱讀更完整的隱私聲明時會發現，「如果法律要求或出於執法目的」，他們的個資將與一百六十八個組織分享，「以防對健康或安全造成嚴重威脅」，這一百六十八個組織包括市政府、救援組織、非營利的住房開發商、醫療服務提供者、醫院、宗教組織、戒癮中心、加州大學洛杉磯分校、洛杉磯警局（LAPD）。那份同意書的有效期限是七年。

經過評估後，無家可歸者的資料會進入聯邦政府核准的洛杉磯地區「無家可歸者管理資訊系統」（Homeless Management Information System，HMIS）。ＨＭＩＳ本身不是一個資料庫，而是聯邦政府要求所有接受無家可歸者援助資金的組織都必須收集的一組通用資料。聯邦政府並沒有對無家可歸者做集中登記。不過，ＨＭＩＳ裡的資訊，去除唯一識別碼（unique identifiers）後，會送到住房及城市發展部加以匯總，然後用來產生一份全國無家可歸者的統計資料，以便住房及城市發展部做趨勢分析後向國會提交報告，以及評估無家可歸者服務組織的績效。

VI-SPDAT的資料一旦輸入洛杉磯的HMIS系統，排序演算法就會算出一個介於一到十七的分數。一表示受訪者為低風險，死亡或進急診室或精神病院的機率較小。十七表示受訪者最弱勢。系統認為得分介於〇到三的人不需要協助取得住房；得分四到七的人有資格接受評估，申請有期限的租金補貼和一些入住管理服務——這種干預策略稱為「快速安置」（rapid re-housing）。得分八及以上的人有資格接受永久性輔助住房的評估。

與此同時，住房供應者會填寫空房表格，以形成一份可用住房清單。第二套演算法「配對演算法」的執行，是為了找出「最需要某種房型的人」（根據其VI-SPDAT分數）及「符合特定資格標準的人」。

配對成功的話，系統會為這位無家可歸者指派一名住房引導員——專門幫忙收集一切必要資格文件的社工。出生證明、附照片的身分證、社會安全卡、收入證明、其他文件都必須在三週內收齊。文件收齊後，無家可歸者需要去洛杉磯市住房管理局（Housing Authority of the City of Los Angeles，HACLA）填寫申請書。接著，HACLA與潛在的租戶面談，核對他們的資訊與文件，並核准或拒絕申請。如果申請獲准，無家可歸者即可獲得住房或相關資源。若申請遭拒，系統會消除配對，再次執行演算法，配對新的申請者。

■ ■ ■ ■ ■

以前的無家可歸者服務是優先考慮情況較好的用戶。協調入住系統的設計者與資助者認為，這套系統顛覆了以前的無家可歸者服務，為整個洛杉磯的服務提供者建立一個更深入的新關係，促進他們之間的溝通與資源分享。它針對住房危機的性質，提供細膩又及時的資料，可用來制定更符合民眾需要的政策。最重要的是，為無家可歸者配對適合的住房，可能挽救成千上萬人的生命，莫妮克·塔莉（Monique Talley）就是其一。

莫妮克是個臉蛋渾圓、長滿雀斑的黑人女性。我是在市區婦女中心（Downtown Women's Center，DWC）見到她的。DWC是個歷史近四十年的組織，致力為無家可歸的貧困婦女解決需求。二〇一〇年，DWC在南聖佩德羅街（South San Pedro Street）成立一座設施，裡面有七十一間永久性輔助住房、一家商店（銷售該中心的婦女所製作的工藝品）、一家診所，以及多種其他的服務（以服務貧民窟的女性）。

DWC竭盡所能讓那棟建築有家的感覺，屋內有擺放陶器、花瓶、茶壺的櫥櫃，還有金黃色的木凳。我造訪那天，約七十五名婦女坐在那裡喝咖啡與聊天。那裡還有淋浴間和開放式的自助廚房，以及一盒折疊整齊的衛生紙，讓露宿街頭的來訪者帶回他們的帳棚使用。

莫妮克搬進庇護所之前，曾經居無定所。她不斷從一個地方換到另一個地方，同時幫侄女經營一家小型的日托中心，並照顧一位年邁的家族長輩，後來她找到了「返家路庇護所」（Pathways to Home）。返家路庇護所位於南洛杉磯的輕工業區，有四百三十個床位。返家路庇護所每天清晨會要求莫妮克離開，她就搭公車前來DWC尋求支援、陪伴與庇護。

莫妮克面臨巨大的挑戰：戒酒、與孩子分離、身心問題因缺乏住房的時間愈來愈久而日益嚴重。幸好，她還有一個強大的援助系統。多數週末，她的男友及男友的母親歡迎她到家裡做客。她可以趁機清洗衣服、好好洗個澡、享用家常菜、看電視。她說：「就是做一些常人做的事，讓我過一下常人的生活。」

某天，DWC的一位社工問她要不要做VI-SPDAT調查，以進入協調入住系統。莫妮克回憶道，那項調查其實滿難的，「因為感覺很像在跟治療師對話」。不過，她很信賴的DWC社工崔西・瑪布羅（Tracy Malbrough）建議她「只要誠實作答，誠心回應就好」，所以她就「如實作答」了。

莫妮克一邊整理她的猴子形狀背包，一邊笑著說：「我比較願意跟我信任的人做VI-SPDAT 調查。但是要申請住房的話，我必須接受陌生社工的調查……為了找個棲身之所，我願意對你開口，對你透露事實，告訴你一切你想知道的資訊。」

十二月某個清朗的日子，瑪布羅打電話給莫妮克，請她到南聖佩德羅街與第五街的交叉口。莫妮克在那裡拿到一副門道公寓（Gateways Apartments）的鑰匙。門道公寓是 SRO 住房公司（SRO Housing Corporation）建造的永久性輔助住房，價值二千八百萬美元。這家非營利的低收入住房開發商加入協調入住方案，以便更有效率地為一百零七個住房篩選五百多位申請入住者。協調入住系統優先選擇了莫妮克，她說：「那天是二〇一三年十二月十七日，那是我收過最棒的聖誕禮物，我終於有一個家了。」

她的新公寓是一個十坪大的套房，內有衣櫃、廚房、浴室。莫妮克說：「我打開房門，站在房子中間，不禁哭了起來。我首先感謝上帝，因為祂促成了這一切，我也感謝市區婦女中心，因為她們協助上帝，讓我不再露宿街頭。」

莫妮克仍不確定為什麼協調入住系統優先選上她，沒有人對她透露她的 VI-SPDAT 分數。她若有所思地摸著捲曲的銅環耳環說：「他們從來沒跟我解釋那套系統是怎麼運作的。」我告訴她 VI-SPDAT 是使用一到十七分的評分系統來優先挑選最弱勢的無家可歸者時，她猜測她的得分可能是十。她獲准入住門道公寓的幾個月前，雖然已經停用一些藥物，但身心狀況還算穩定。她說：「我設法不做任何傻事。」

對於終於獲得棲身之所，莫妮克感激不盡，但也有點困惑不解，為何許多DWC的婦女處境相似，卻得不到住房。她說：「我知道很多女性做過協調入住系統的調查，但是近三年後，依然得不到安置，我覺得有點奇怪……她們經歷了跟我一樣的流程，但三年後還是沒有住房，我覺得好像哪裡怪怪的。」

最後，她把自己獲得住房歸因於對上帝的信仰、她的誠實與開朗、運氣好。她非常感激，並努力工作，好讓自己可以穩定地陪伴孩子。她表示：「我覺得事情的發展都是注定的，我很慶幸這次發展對我有利，不然我可能還在庇護所或精神病院……身心與情感都受到打擊時，會讓人非常厭世……得不到安置時，只有三條路可選：坐牢，進收容所，或死亡。我不想讓我媽經歷那種痛苦。」

■ ■ ■ ■ ■

人稱「大叔」的蓋瑞．柏特萊（Gary Boatwright）遇到協調入住系統時，運氣就沒那麼好了。現年六十四歲的他，斷斷續續露宿街頭已有十年。二〇一六年五月某個豔陽高照的日子，我見到他。當時他住在貧民窟邊緣的東六大街一個灰綠色的帳篷裡。

帳篷上方蓋著一張藍色的防水布以防雨水滲入，還有兩臺折起來的手推車擋著入口。我走近帳篷時，呼喊他的名字以代替敲門。他正在打掃帳篷以迎接我來訪。他以掃帚柄撐起入口，遞給我一張折疊椅和一瓶水（我拿了椅子，但沒有拿水，因為瓶裝水是貧民窟的主要物資）。

他的帳篷打掃得一塵不染，板條箱裡裝了洗衣精與一瓶漂白劑，充氣床墊上放著幾本科幻小說、一本辛克萊．路易斯（Sinclair Lewis）的小說《不可能在這裡發生》（*It Can't Happen Here*），以及一本政治進步派的雜誌《這些年代》（*In These Times*）。他正努力維持健康，所以改喝低卡飲料，帳篷裡約有六瓶二公升的瓶子，分別是低卡蔓越莓汁、激浪（Mountain Dew）汽水、開特力（Gatorade）運動飲料。有些瓶子上面畫了一個黑色的×：那可能裝了萊姆酒，或是半夜充當夜壺。

蓋瑞有話直說，講話犀利幽默，白髮稀疏，有一雙類似聖誕老人的藍眼睛。我們交談時，他抽著威豪（Pall Malls）香菸，翻著他精心整理的文件〔存放在透明的樂柏美（Rubbermaid）盒子裡〕。他做過十幾種職業：焊工、石匠、律師助理、挨家挨戶的推銷員和法學院學生，最近的工作是在一家批發抵押貸款公司做文件處理員。二〇〇〇年代初期，就在次貸業崩解前不久，他被綠點抵押貸款公司（GreenPoint Mortgage Funding）解僱。他說：「我在那裡任職的時間，比公司裡的其他人還久，那裡的流動率很高。我幾乎是負責把整個部門的工作外包出去。他們在印度找到一個文件處理公司，透過電郵把文件都寄到地球的另一端處理。」後來，綠點公司登上公共誠信中心（Center for Public Integrity）的「次貸二十五」名單，因為它是導致二〇〇七年經濟大衰退的主角之一，而且它故意對少數族裔社群推銷掠奪性的抵押貸款產品。

蓋瑞被解僱後不久，卡崔娜颶風（Hurricane Katrina）席捲墨西哥灣沿岸。他本來打算去紐奧良度假，颶風來襲促使他取消了航班與旅館。他加入前往路易斯安那州科文頓（Covington）的車隊，到災區協助賑災。在博格法拉亞河（Bogue Falaya River）與切夫肯特河（Tchefuncte River）交匯處的小城市，蓋瑞幫助城市重建時，睡在臨時搭建的科文頓營區（Camp Covington）。他說：「那依然是我度過最棒的假期。」

回到橘郡（Orange County）後，他申請了失業救濟，並回到就業市場。他有學士學位，也有豐富的批發抵押貸款經驗，但是當時那個行業正在崩解。他住在迪士尼樂園附近的一個戒酒社區，由於失業救濟金的支票未準時寄達，再加上他又和「住房管理人起爭執」，導致他在戒酒社區的住房資格變得非常不穩定。他遭到解僱以前，買了一輛新款的二手車。「我以六千五百美元的現金買了那輛車，」他說，「它的里程數很低，我把它保養得很好，那就像我的撲滿。所以，我只剩最後一個月的失業救濟金時，心想：『沒什麼大不了的。』萬一真的沒錢，我可以變賣那輛車，買一輛一千美元的破車，這樣就有緩衝了。我都已經事先規劃好，做了該做的事。」

後來，他因為把車子停在公園裡，車子遭到拖吊及扣押，並收到一張罰單——蓋瑞堅稱那張罰單不合理，上法院提出異議。他沒有錢繳罰單以贖回車子，也無法把那輛車賣掉好換取現金。蓋瑞說：「基本上，就是警察偷了我的撲滿。」

他花完失業救濟金後，被趕出戒酒社區，他也付不起其他的租金，變成無家可歸。於是，他前往聖安納（Santa Ana），橘郡的許多社服機構都集中在那裡。不過，聖安納也是警方掃蕩遊民的地方。一九九二年頒布的一項法令規定，「在公園露營」是非法的。警察局長保羅．沃特斯（Paul M. Walters）因為煽動每週「圍捕」無家可歸者並對他們開罰單而飽受批評，他說那樣做是為了「在犯罪發生之前打擊犯罪」。

蓋瑞經常與執法人員發生口角。五年來，他收到了二十五張與無家可歸有關的犯罪罰單：非法進入或停留在公園裡、沒有按照治安官的命令離開某地、在公共場所存放個人家當、亂穿越馬路、亂丟垃圾、擅自移走購物車等等。

蓋瑞面臨牢獄之刑時，橘郡高等法院的法官對他提出一項協議。蓋瑞只要離開橘郡，再也不回來，法官就為他撤銷所有的罰單指控。蓋瑞接受了協議，搬到當地以北五十一公里的貧民窟。

自從搬到貧民窟後，蓋瑞已經填過三次 VI-SPDAT 調查，他對那個流程已經失去耐心。第一次填寫是二〇一五年四月，他搭了一小時的巴士，到二十七公里外蘭克辛大道（Lankershim Boulevard）上的美國志願者協會（Volunteers of America）。他設法在早上五六點抵達，以便在協會八點開門之前排隊。他在那裡見到來自「洛杉磯家庭住房安置」（L.A. Family Housing）的協調入住引導員迪倫・懷爾德（Dylan Wilde），並填了問卷調查。懷爾德幫他預約了阿爾法物業管理公司（Alpha Property Management）的面談，那是一家管理加州數百間低收入公寓的私人公司。

但那次面談失敗了。沒有人告訴他，他必須提供一份三到五年可核實的租屋史和良好的信用記錄，才有資格進入候補名單。他提高嗓門問我：「既然是無固定居所的人要申請住房，你要那些東西幹嘛？」蓋瑞也拒絕自掏腰包影印出生證明，但阿爾法物業管理公司要求提供那份文件才能進入候補名單。「我在這個遊戲已經耗太久了，我不斷地自掏腰包、花我自己的錢，卻得不到住房。我覺得懷爾德太嫩了，是新來的菜鳥。他還很年輕，不知道自己在幹什麼。我試圖聯絡他以瞭解後續狀況，但他消失了。」

蓋瑞第二次做 VI-SPDAT 調查，是由「居家健康」（Housing For Health）的代表負責。居家健康隸屬於洛杉磯郡立衛生服務局（Los Angeles County Department of Health

Services），專門負責為那些有「複雜醫療與行為健康狀況」的人創造住房機會。一位社工要求蓋瑞提供他的精神病史，於是蓋瑞簽了一份同意書，同意讓橘郡公開他的精神科記錄。「我做了調查，但沒帶社會安全卡，所以我又去了健康住房處一趟，補上證件。他知道我的狀況，但後來我一直沒得到回覆。」

蓋瑞第三次做 VI-SPDAT 調查時，警察與衛生局正好來到他搭帳篷的地方：東六大街。一位「洛杉磯無家可歸者服務管理局」（Los Angeles Homeless Services Authority，LAHSA）緊急應援小組的街頭探訪社工喬治．湯瑪斯（George Thomas）也在那裡。蓋瑞告訴湯瑪斯，他已經做過 VI-SPDAT 調查好幾次了，湯瑪斯回應，他可以做得比居家健康或洛杉磯家庭住房安置機構好。蓋瑞回憶道：「他說：『哦，我的調查做得比他們好。』他說他有辦法避開那些繁瑣的官僚細節。他正在與警方合作，找人談住房問題。」蓋瑞在他們約好的時間打了電話並留言。湯瑪斯回了電話，並在他的手機裡留言，但他講話的速度太快，蓋瑞根本聽不懂他講什麼。他又打電話回去問清楚，但再也沒有接到任何回覆。

蓋瑞認為他的 VI-SPDAT 得分應該不太高。他已經六十四歲，除了有點高血壓與聽力問題以外，大致上還算健康。雖然有些人稱他是「指揮官庫什」（Commander Kush），而且他還會把萊姆酒裝在帳篷內的激浪汽水瓶裡，但他沒有酗酒或身體殘弱的情況。他不知道橘郡的精神科檔案裡寫了什麼，從來沒有人對他透露診斷結果。事實上，當初為了聖安納的罰單上法庭時，法官說他有精神科的記錄，他還很驚訝。

他懷疑這個街區的社工覺得他很難搞。他解釋：「我明確指出，我無法接受寄宿地方有臭蟲。我學會短時間應付這個問題，但租客無法除蟲，那是房東該做的，但他們根本不管。」他無法到救世軍（Salvation Army）的緊急庇護所寄宿，因為他拒絕放棄使用手機。「我需要手機才能進入救世軍，他們卻要我放棄手機？門兒都沒有！」基本上，蓋瑞認為，犧牲自主權與成人決策權以換取住房是無法接受的。他說：「我不需要保姆，不要告訴我該去哪裡、該做什麼、該怎樣過生活。任何理性的成人都無法忍受那種對待。沒有人想要一個跟在身邊管東管西的保姆。」他猜想，「不願屈服」是導致他無法獲得住房的原因。他說：「我仍然保有完整的人格，那是非賣品。」

■ ■ ■ ■ ■

貧民窟一直是洛杉磯協調入住系統的核心，這是有原因的。洛杉磯市中心的無家可歸者最多（二〇一七年有一萬五千三百九十三人），也是無家可歸者最集中的地方。不過，離它幾公里的地方，有一區的露宿者人口幾乎一樣多，但鮮少受到關注：南洛杉磯。協調入住政策在洛杉磯的市中心高調執行，然而，在南洛杉磯，無家可歸者彷佛活在政策強光的陰影下，協調入住對他們來說是一種非常不同的體驗。

南洛杉磯占地約一萬二千九百五十公頃，位於十號公路的下方，緊鄰洛杉磯市中心。這裡曾有「南部中心」之稱，但在二〇〇三年，市議會把這裡重新命名。有些人說，目前「賣房換現金」的廣告暴增，以及洛杉磯輕軌博覽線（Expo Line）與克倫肖線（Crenshaw）的延伸，都預示著新一波的仕紳化浪潮即將到來。

我從貧民窟搭巴士到南洛杉磯，這是莫妮克每天從返家路庇護所搭車前往市區婦女中心的反向路線。這兩個街區有密不可分的歷史。阿拉米達大街（Alameda Street）像一條主動脈，從聯合車站（Union Station）穿過市中心，沿著貧民窟的東側，在高速公路的下方延展，接著往南穿過弗農（Vernon）、沃次，最終進入康普頓（Compton）。阿拉米達走廊（Alameda corridor）*是洛杉磯國防業與汽車業的發源地，這些產業在二戰後突飛猛進地成長。

阿拉米達街也勾勒出洛杉磯最根深柢固的種族界限之一。一九四八年，最高法院裁定，有種族限制的契約是違憲的。在那之前，洛杉磯高達百分之八十的房產都有禁止黑人家庭入住的契約。阿拉米達街以東是白人勞工階級居住的郊區；以西是南部中心（South Central）與沃次，那兩區是黑人家庭能夠居住的少數地區。

南洛杉磯在戰後經歷了一段經濟快速發展的時期，但之後，軍事開支減少，汽車廠紛紛關閉，導致失業率高掛百分之十四，一直居高不下，是洛杉磯郡失業率最高的地區。洛杉磯兩個規模最大的國宅社區也位於這一帶：尼克森花園（Nickerson Gardens）和喬丹唐斯（Jordan Downs）。然而，這裡也是全美最擁擠的住房。

南洛杉磯許多勞動年齡的黑人男子，在一九八〇年代去工業化期間失去了工作，後來他們開始流向貧民窟。過去十年間，這個趨勢已經逆轉。市中心更嚴格的治安管制，以及日益顯著的仕紳化壓力，促使許多無家可歸者流向南洛杉磯。但南洛杉磯的應對資源有限，它的庇護所床位數量不到市中心的一半，永久性輔助住房的床位數量只有市中心的七分之一。然而，二〇〇八年「團體服務」（Services for Groups）組織的報告顯示，市中心與貧民窟的無家可歸者每年可獲得一千一百三十二美元的補助金，但南洛杉磯的無家可歸者僅獲得六百零七美元。

當地的無固定居所人口增加，其他社區的無家可歸者又大量湧入，再加上南洛杉磯的資源極其有限，於是這裡出現一個龐大的露天帳篷城。二〇一七年，大洛杉磯地區的無家可歸者統計資料顯示，南洛杉磯的無家可歸者中，有百分之七十五的人完全「無安置」（unsheltered）*。雖然有二千三百六十四名無家可歸者找到庇護所或永

*位於美國加州南部的一條貨運鐵路「快速通道」，全長三十二公里，與阿拉米達街平行。

*意指連最基本的棲身之所都沒有。

久性輔助住房的床位，但另有六千八百七十九人住在臨時避難所，那些避難所已經變成南洛杉磯的低收入住房來源，而他們之中有七成是黑人。

■ ■ ■ ■ ■

奎妮塔・亨特（Quanetha Hunt）之前是南洛杉磯最大緊急庇護所供應商返家路庇護所的無家可歸者服務負責人。二〇一六年二月，我去採訪她時，她的辦公室裡貼著民權人物的海報以及宗教名言，室內散發著香草的氣味。她的日曆上寫著：「我不相信金錢、不相信任何東西，我只信上帝。」不過，在南洛杉磯土生土長的亨特，帶有一種明顯的入世氣質，還有一種近乎調皮的幽默感。她穿著高筒黑色皮靴，配著完美的珊瑚色美甲，電腦螢幕的邊緣下方放了一個背景是圓點的小牌子，上面寫著：「去他媽的：我的新座右銘。」

她說：「南洛杉磯跟其他的社區一樣，有低收入戶、窮人、中產階級和非常有錢的富豪。克倫肖線的西邊是雷莫特公園（Leimert Park），那是中產階級的黑人社區，有房階級；再遠一點是有錢人住的溫莎丘（Windsor Hills）；東南方是貧困區，但我們都屬於同一社區。在我居住的街上，我們都彼此認識。南洛杉磯的人有相同的渴望：像樣的三餐、棲身之所、孩子獲得優質教育。南洛杉磯的人很重視家庭，我祖母在這裡見證了五個世代的成長。」

返家路庇護所的周圍是平地和低矮的倉庫，裡面都是縫紉工。從庇護所可以看到市中心的奇景，它就像一座鑲著寶石的島嶼，漂浮在北方約五公里處。返家路庇護所正努力縮小南洛杉磯的住房危機與資源不足之間的落差，每晚為大約三百一十五名男性及一百一十五名女性提供床位。它是一棟低矮的大型米色建築，裡面擺滿了上下鋪，床與床的間隔約兩個手掌寬。儘管工作人員努力讓每個人有獲得接納的感覺，也盡力維護用戶的尊嚴，但它給人的感覺依然是：一個住人的倉庫。

個案管理員理查・倫特里亞（Richard Renteria）帶我參觀返家路庇護所時解釋，這裡是採取「減少傷害、住房優先」的理念。也就是說，這裡的工作人員會竭盡所能讓前來求助者獲得庇護。如果你來的時候喝醉了，他們會提供你一頓飯，讓你上床睡覺。如果你來的時候充滿怒意，他們會讓你在院子裡冷靜下來。他們也會收留所謂的「二九〇」*——也就是剛出獄、無處可去的性犯罪者。只有那些一再滋事的人，才會被他們列為拒絕往來戶。

倫特里亞和其他的員工都會熱絡地接待每位前來尋求庇護的人，正眼看著他們，

*違反《加州刑法》第二九〇條。

與他們互動。他說：「每個人都有不同的故事，都有各自的障礙、目標與夢想。」但庇護所的床位有限，附近的街區布滿了迷你的帳篷營地。例如，一些帳篷搭在百老匯（Broadway）與西三十八街交叉口的樹下，還有一些是聚集在百老匯與金恩大道（Martin Luther King, Jr., Boulevard）的交叉口，感覺悲傷又諷刺。

返家路庇護所的官方規定是收容九十天，但是要求無家可歸者在三個月內找到住所幾乎不可能。亨特說，這個地區「可住房的庫存量是零」。平價住房特別難找，她說：「公平市價的住房呢？我們這裡的人住不起。」返家路庇護所的協調入住專員威廉．門吉瓦（William Menjivar）也認同這點，他說：「我們無法幫這裡的人配對到可用的住房。透過協調入住系統，根本找不到安置這些人的地方。」

在南洛杉磯使用協調入住系統，不太像在網上尋找約會對象，反而比較像在跑障礙賽。第一個障礙就是 VI-SPDAT 調查。返家路庇護所的工作人員常看到被其他機構評分很低的用戶。許多人與這裡的個案管理者熟稔了以後，比較願意放下心防，袒露心聲。門吉瓦提到一位在另一家社服機構接受調查的用戶，他的得分是一分（總分十七）。他來返家路庇護所重新接受評估後，得分是十六。亨特說：「我認同資料，但資料的好壞取決於收集者。」

返家路庇護所把焦點放在傾聽，透過分享生命故事來培養信任。倫特里亞說：「除非你真心貼近他們，不然你無法真正瞭解他們的處境。我們必須先獲得他們的信任，才能讓他們敞開心扉。」不過，在南洛杉磯，VI- SPDAT 得分高是一種進退兩難的棘手狀況。該區幾乎沒有永久性的輔助住房，所以返家路庇護所的用戶必須接受住房管理局的二次面談，以判斷他們是否有資格在私人住房中獨立生活。VI-SPDAT 得分高的人可能有資格獲得「第八類住房補助憑證」（Section 8 voucher）*，但這也表示他的狀況很差，無法獨立生活。

門吉瓦說：「住房管理局可能很難捉摸。」他解釋，如果一個返家路庇護所的用戶在 VI-SPDAT 獲得十六分，他應該有資格入住庇護所，也有資格獲得補助憑證，同時享有租屋援助及支援性的社會服務。「但住房管理局可能會說：『你其實無法獨立生活。你需要請醫生或精神科醫生開證明，讓我們知道你不會在燒開水時，把整棟大樓也燒了。』住房管理局似乎想藉由二次面談，讓你退出服務。但我當初和你做第一次面談，是為了讓你獲得服務。」所以，返家路庇護所的社工建議那些申請者把住房管理局的面談當成法院審判程序，彷彿是在受審似的。「我們不想事先指點申請者該怎麼面談，但我們會告訴他：『你只回答他們問的問題就好了，不要透露額外的資

---

*美國的房屋福利大致分為可負担住房（Affordable House）、年長者住房（Senior House）及第八類住房補助，屬於聯邦計畫。其中，第八類住房補助分為自選住房補助（Housing Choice Voucher）及指定住房補助（Project Based）。

訊。』」

如果專案管理者及申請者順利通過 VI-SPDAT 的重重障礙及住房管理局的面談，申請者將獲得很多人夢寐以求的第八類住房補助憑證。但是，補助計畫的運作是依賴私人房產市場，不是像非營利機構在貧民窟建造的那種永久性輔助住房。房地產資本主義、日益緊縮的租賃市場和房東的偏見，是南洛杉磯協調入住系統的最後幾道關卡。返家路庇護所的用戶即使獲得第八類住房補助憑證，也不一定能找到願意出租住房的私人房東。

倫特里亞說，返家路庇護所的員工帶著「勉強可以自主生活的弱勢申請者」去尋找住房時，「房東看到他本人，看到他的長相，就會往最壞的方向想。」第八類住房補助憑證六個月後就會到期，到期後，整個流程又必須重來一遍。倫特里亞歎氣道：「申請者努力尋找住房，但一直找不到，他們也很沮喪，很多申請者後來就放棄，離開了。」住房的流動速度不夠快，難以滿足需求。門吉瓦總結道：「我們協助申請者填補一個可用住房後，從他入住到他決定搬走、找到工作可以獨立生活、過世或遭到驅逐，這段期間，我們已經又評估了一千人。」

那些能夠完成 VI-SPDAT 調查、與洛杉磯住房管理局面談成功、得到第八類住房補助憑證，並投入漫長又辛苦的尋房歷程的人，最終可能因為勇氣、毅力、大量的支持而獲得住房。但是，對許多無安身之地的人來說，協調入住系統的承諾根本無法兌現，令他們大失所望。在南洛杉磯的無家可歸者外援計畫整合照護系統（Homeless Outreach Program Integrated Care System，HOPICS）任職的維若妮卡．路易斯（Veronica Lewis）說：「我們試著讓他們重新加入那套系統，但接觸他們三個月內就發現，他們變得非常沮喪。例如，他們會質問：『哪裡有住房？』有一段時間，有些人不再理會我們，他們很失望——你人來到這裡，一直被收集資料，但結果呢？」

他們的反應這麼冷淡，不是沒有原因的。這種號稱可以解決洛杉磯住房危機的萬靈丹，他們已經見多了。倫特里亞說：「洛杉磯有很多服務機構，他們會跟你見面，問你許多問題，然後承諾他們會提供你住房，但之後就不見蹤影。他們拿到那些資料後，拿去建資料庫，談論著成千上萬名無家可歸的人，卻再也沒有回來服務他們。」

■ ■ ■ ■ ■

對莫妮克來說，協調入住系統是上帝的恩賜。如果有可用住房，對一些人來說，那個系統確實運作得還不錯。莫妮克接受 VI-SPDAT 調查時，返家路庇護所的新公寓大樓正要啟用。莫妮克的名字從五百名申請者中雀屏中選，她的生活因此獲得了改善。

但是，由於建設或改造住房方面都缺乏足夠的公共投資，協調入住系統只是一個管理無家可歸者的系統，而不是解決無家可歸者問題的系統。在蘭普社區，二〇一五年的大部分時間，海柔．洛佩茲（Hazel Lopez）都鼓勵她的員工不要過度推銷那個系統。她說：「我這樣做是為了避免大家失望。協調入住系統剛啟用時，大家以為只要把申請者放進系統中，就可以配對到住房機會。但時間一久，我們不得不持續向大家傳遞一個訊息：我們並沒有獲得額外的住房資源，我們只是想辦法以更有效率的方式鎖定及利用資源罷了。」

莫莉．萊斯曼（Molly Rysman）是幫洛杉磯郡政委員希拉．庫爾（Sheila Kuehl）處理住房議題的副手，她指出：「不增加資源的話，我們根本無法解決無家可歸者問題。我們面臨很大的壓力，必須盡量把每一塊錢做最大的應用，而且要盡可能做到最有效率、效果最好。協調入住系統讓我們變得更有效率，但如果沒有資源，根本不可能終結無家可歸者問題。」協調入住系統的設計者克里斯．柯（Chris Ko）也認同這個說法：「協調入住系統是解決問題的必要條件，但不是充分條件。它讓我們更有效率地運用輸入系統的資源，但我們需要的是源源不絕的資源供給。」

■ ■ ■ ■ ■

二〇一五年六月，柯告訴我，他希望協調入住系統可以針對該郡的住房危機提供更準確的資訊，以促進政策的改變。他表示：「在住房方面，我們從來沒有如此清晰的供需資料。它可以顯示什麼樣的族群需要什麼樣的住房。」到了二〇一七年五月，他的樂觀與社區的辛勤投入似乎開始出現回報。

二〇一六年一月，洛杉磯市長艾瑞克・賈西迪（Eric Garcetti）公布該市有史以來最全面的無家可歸者問題因應策略，為協調入住系統提供了重要的支援。該計畫為那些瀕臨無家可歸的人提供快速的重新安置計畫，並提供小額現金讓他們支付押金，補貼租金、搬家、個案管理等費用。它也支持把現有的商業結構轉變成短期的過渡住房，並提供激勵措施以鼓勵房東接受第八類住房補助憑證。

最近，洛杉磯選民投票通過兩項提案，為低收入住房與無家可歸者服務提供了更多的資助。「HHH提案」（Measure HHH）批准該市發行十二億美元的債券，用於購買、建造或改造一萬三千間住房、精神照護機構、醫療診所，以及其他為無家可歸者提供服務的機構。二〇一六年十一月，該提案獲得百分之七十七的投票支持，順利通過。第二項「H提案」（Measure H）是批准該郡在未來十年內提升營業稅百分之〇・二五，並用那些稅金來資助無家可歸者服務與預防措施。二〇一七年三月，H提案獲得百分之六十九的投票支持，順利通過。

柯認為，協調入住系統在這些前所未有的政策改變中作用不大，但非常重要。系統收集的資料為「永恆家園」提交給市長的初步預算缺口分析提供了依據。他們使用協調入住系統的資料來精確估算各種類型的住房需求比例：需要約一萬間永久性的輔助住房，外加新的過渡性床位，以及「快速安置」的額外資源。柯鼓勵各區協調入住系統的合作夥伴規劃一份「理想預算」，把住房資源與人力資源都涵蓋進去——不僅包括新的住房，也要有足夠的社工，「陪伴每個申請者進駐新家」。他們隨便估了約一億美元的人力成本。「那是我週末算出來的數字，不知怎的，那數字傳到了市長辦公室，因為它突然出現在一份需求的聲明中。」由協調入住系統的設計與實施所衍生出來的區域網絡，也幫忙鞏固了社區對H提案及HHH提案的支持。

不過，柯認為，這兩項提案之所以通過，是因為洛杉磯住房危機的規模實在太大了，關注度也很高。兩起法院判決再次確立了無家可歸者的生命權、自由權、財產權：二〇〇六年的「瓊斯訴洛杉磯市案」（*Jones v. City of Los Angeles*）和二〇一二年的「拉萬訴洛杉磯市案」（*Lavan v. City of Los Angeles*）。在取締無家可歸者方面，洛杉磯有全美最嚴苛的法規。《洛杉磯市政法規》（Los Angeles Municipal Code）第四十一條第十八款d項規定，睡在人行道或坐在人行道上，可處以六個月的監禁與罰款。在瓊斯案中，法院判定，在欠缺庇護所床位下，禁止坐在人行道或睡在人行道上的規定，是殘酷且有悖常理的懲罰：這種做法是把無家可歸者直接視為罪犯，而不去解決無房可住的問題。法院要求洛杉磯警察局發布一項政策指令，聲明洛杉磯在增建一千二百五十間永久性輔助住房以前，不會在晚上九點到早上六點之間執行第四十一條第十八款d項的規定。

二〇一二年以前，洛杉磯警局也常在不事先通知下，就直接沒收並摧毀無家可歸者的帳篷、防水布、睡袋、手推車和其他財產。在拉萬案之前，貧民窟的居民經常發現，他們與社工交談、洗個澡或吃頓飯回來後，家當就都不見了。拉萬案的判決禁止公務員扣押私人財產，除非那財產對大眾構成威脅，或是構成犯罪證據。此外，該判決也要求，任何被當成「遺棄」財產而移走的物件，必須先存放在安全地點九十天後才能銷毀。瓊斯案與拉萬案都判定，憲法第八條、第四條、第十四條修正案，應平等適用在有住房者與無家可歸者身上，政府不能任意監禁無家可歸者、侵犯他們的隱私或沒收他們的財產。

這兩項判決重申無家可歸者的權利，暫停了那些侵擾及逮捕他們的常見做法，實際上也導致半永久性的帳篷營地在全市各地如雨後春筍般出現。柯認為，H提案和HHH提案之所以能夠順利通過，是因為瓊斯案和拉萬案使「無家可歸者問題的能見度大增」。

柯指出，協調入住系統讓加入該系統的合作伙伴可以帶著精確顯示「各社區需要何種資源」的資料，去參加市議會及郡政委員會的會議。不過，真正促使洛杉磯人決定為住房危機負起集體責任的，並不是這些更精確的資料，而是帳篷城的蔓延。

■ ■ ■ ■ ■

二〇一七年洛杉磯無家可歸者服務管理局的資料顯示，洛杉磯縣的無家可歸者共有五萬七千七百九十四人。自二〇一四年以來，無家可歸者服務社群已經設法讓三萬一千一百二十四名無家可歸者接受VI-SPDAT調查，約占百分之三十五至百分之五十（這是假設很多人在三年間不斷在無固定居所與有固定居所的狀態之間循環）。這些接受VI-SPDAT調查的人中，協調入住系統設法讓九千六百二十七人配對到住房，或是取得住房相關的資源。柯估計，如果只算技術資源、軟體、額外的人力費用，不算提供實際住房或服務的成本，協調入住系統目前為止的成本約一千一百萬美元。協調入住系統讓百分之十七的無家可歸人口，更輕鬆地獲得某種形式的住房資源。算起來，每人的平均成本約一千一百四十美元，這數字很容易讓人認為這筆錢花得很值得。

洛杉磯的無家可歸者人口等待HHH提案的低收入住房建成時，市長已經提撥一千萬美元的緊急救濟金，用於快速安置。快速安置計畫為那些沒有安身之所的個人與家庭提供住房相關的金援，例如讓他們用那筆錢去支付拖欠的房租、搬家費用，儘速離開庇護所，搬進永久性的住房。二〇一五年都市研究中心（Urban Institute）的一份報告顯示，快速安置計畫確實可以幫家庭迅速離開庇護所，但報告也指出，補貼可能太少了，時間太有限（持續六個月到二年不等），無法帶來永久性的改變。該報告的作者瑪麗·康寧安（Mary Cunningham）、莎拉·吉勒斯皮（Sarah Gillespie）、賈桂琳·安德森（Jacqueline Anderson）寫道：「快速安置計畫無法解決弱勢者無力負擔長期住房的問題。補貼結束後，那些家庭的居住不穩定率很高。」[7]

永恆家園把永久性的輔助住房及快速安置計畫都視為協調入住系統中的「配對成功」。二〇一七年五月，柯寫電子郵件告訴我，他們在資料中沒有區分這兩種截然不同的干預方式。儘管柯估計百分之八十到九十的配對成功者持續住在他們分配到的新住房中，永恆家園並未公布任何留存資料。二〇一五年，蘭普社區的洛佩茲說：「留存率總是事後才想到的，實際上並沒有後續追蹤機制。」因此，我們無法知道，那九千六百二十七位靠協調入住系統配對成功的人中，究竟有多少人獲得一個可以稱為「家」的棲身之處，有多少人在協助下找到公寓，有多少人拿到幾百美元的房租補助金，有多少人獲得援助後又再次變成無家可歸。

快速安置計畫是為了解決「危機性」的無家可歸。洛杉磯協調入住系統的最初目的，是為最弱勢的無家可歸者提供永久性的輔助住房，但現在的目的變成為「新的」

無家可歸者配對短期援助。這導致那些介於兩者之間的人遭到冷落。他們因為身體健康，還沒有資格獲得稀缺的永久性輔助住房；但他們也因為露宿街頭太久，無法靠有限的快速安置資源來改變這種生活型態。

對蓋瑞及成千上萬名尚未配對成功的人來說，協調入住系統似乎只會收集愈來愈敏感、侵犯隱私的資料，藉此追蹤他們的行蹤與行為，卻沒有提供任何回報。我問亞歷山大使用協調入住系統的經歷時，他嘲諷道：「協調入住系統？你是說那個應該用來幫助無家可歸者的系統嗎？那只是在收編無家可歸者罷了。你把無家可歸者的資訊都輸入系統，卻沒有地方安置他們。資料進了系統後，就沒有行動了。」

■■■■■

有些人懷疑，那些資料完全是用於其他目的：監控無家可歸者，把他們視為罪犯。撰寫本書之際，二萬一千五百名洛杉磯最弱勢者的私密個資，是存放在一個資料庫裡。那些資料或許永遠也不會和可能挽救生命的各種服務連在一起。申請者若要撤銷之前同意被納入協調入住系統及無家可歸者管理資訊系統的記錄，那是有可能做到的，但流程很複雜。即使刪除了記錄，有些資料還是會留在系統中。我調查期間訪談的對象中，沒有人曾要求刪除他們留在協調入住系統中的記錄，連那些配對成功、獲得住房的人也沒有提出。

協調入住系統剛試辦時，系統有比較嚴格的保護個資程序，也提供取得資源的替代途徑。原始資料庫是存在一份龐大的 Google 試算表中，使用唯一識別碼而不是社會安全碼，來保護申請者的隱私。系統也為那些基於各種原因而不想進入協調入住流程的個人（可能是因為 VI-SPDAT 的問題太侵犯隱私，或者那個人正逃離家暴，所以選擇匿名），保留了某個比例的服務項目。保護無家可歸者的身分，是系統試辦階段的預設做法。

但後來協調入住系統轉入 HMIS 系統，那套系統需要提供社會安全碼。理論上，即使拒絕提供私密的個資，還是可能取得資源，但聯合勸募會坦言，他們「不確定有多少人採用這個選項」。不願提供社會安全碼而放棄住房機會的無家可歸者，應該不會很多。如今，收集私密個資已經變成預設做法。無家可歸者若要保密個資，需要主動勾選保密。

現在，協調入住系統是洛杉磯所有無家可歸者服務的主要入口。二〇一七年，柯告訴我：「現在它正式成為洛杉磯郡市的服務提供系統。」換句話說，除了協調入住系統以外，洛杉磯郡幾乎沒有其他的無住房服務的供給途徑了。

根據聯邦資料標準，服務提供者可以對執法機構透露 HMIS 內的私密個資，以

「因應執法機關為了查明或找到嫌犯、逃犯、重要證人或失蹤人士而提出的口頭要求」[8]。洛杉磯警局可取得的資訊，僅限於姓名、地址、生日和出生地、社會安全碼、可識別的身體特徵。但是對於口頭要求，沒有強制的審查或批准程序，也沒有規定公開的資訊只限於某個範圍，或只和特定的案件有關。此外，也沒有搜查令程序，沒有部門監督，沒有法官介入，以確保那些要求符合美國憲法規定。法律學者 J. C. 歐布萊恩（J. C. O'Brien）在探討 HMIS 資料保護鬆散的文章中總結道：「這種只要提出口頭要求就揭露資料的鬆散標準，只是為了讓執法部門更容易取得資訊，別無其他作用[9]。」

社服機構與警方合作把窮人當成罪犯看待，在美國由來已久。一個最直接的類似案例是「鷹爪行動」（Operation Talon）：監察長辦公室與地方的福利辦事處合作，一起搜查糧食券的資料，以找出尚未緝捕到案的逃犯。接著，他們以福利來引誘那些人赴約面談。當緝捕的目標抵達福利辦事處時，就直接將他逮捕。

二〇〇九年，卡琳．古斯塔夫森（Kaaryn Gustafson）的文章〈貧困的犯罪化〉（The Criminalization of Poverty）指出，一九九六年福利系統改革以前，執法部門只能透過法律途徑取得民眾援助記錄。但如今，「執法部門只要提出要求，就能取得福利記錄，不需要任何合理根據、懷疑或司法程序[10]」。鷹爪行動與其他類似的方案都是利用這些行政資料，把社服機構變成刑事司法系統的延伸。

在缺乏強大的資料保護規則下，協調入住系統中無家可歸者的電子登錄檔似乎也可能用於類似的目的。針對身分犯罪*（status crimes）的拘捕令，為警方的徹底搜查提供了正當的理由。行動與整合的行政資料，可以把任一街角、任一帳篷區或任一服務供應業者，變成誘捕行動的地點。

■ ■ ■ ■ ■

這種全面取得私密個資的方式，根本是把貧困與無家可歸視同為犯罪。相較之下，我們很難想像那些透過抵押稅減免獲得聯邦補助，或那些獲得聯邦學貸補助的人，經歷這種全面的審查，或是在沒有搜查令下就讓執法人員取得他們的個資。此外，如果政府只是因為無家可歸的許多基本條件（無處可睡、無處放置個人物品、無處上廁所）是正式犯罪就這樣做，那麼愈來愈多的資料收集、共用、監視，無疑也強化了這種把無家可歸者視為罪犯的做法。如果睡在公園裡，把家當放在人行道上，或在樓梯間小便，就會收到罰單，絕大多數的無家可歸者根本無力繳付罰款。這些遲遲未繳的罰單

*取決於某種身分、狀態或生活方式的犯罪，例如流浪罪、通姦罪或私奸罪等。

最終會變成法庭通緝令，接著執法單位就有進一步的理由去搜查資料庫以找出「逃犯」。所以，無家可歸者服務專案的資料收集、儲存與共用，往往是把窮人視為罪犯的起點。

洛杉磯絕大多數的無家可歸者是介於「長期性」無固定居所與「危機性」無固定居所之間。協調入住系統是跟著資源走：為長期性的無家可歸者提供永久性的輔助住房，為危機性的無家可歸者提供快速安置方案。除非有規模比H提案和HHH提案還大的金融干預模式，否則協調入住系統無法滿足成千上萬名介於那兩種狀態之間的無家可歸者。

有些人因為久久得不到住房，已經遭到關押，或有吸毒或酗酒問題；有些人因此找不到能維持基本生活需求的工作；還有一些人飽受暴力與虐待而留下創傷。所有找不到庇護所的人都面臨持久的嚴重壓力，那可能導致他們罹患殘疾。蓋瑞說：「很多像我這樣生活能力好一點的人，找不到地方住。協調入住系統只是另一種拖延問題的緩兵之計。」

■■■■■

瓊斯案和拉萬案的判決頒布之前，洛杉磯的貧民窟可說是全世界治安管控最嚴格的社區之一。紐約市警局電腦化統計系統 CompStat 的設計者威廉・布拉頓（William Bratton）於二〇〇二年十月接任洛杉磯警局的局長。二〇〇六年，布拉頓和市長安東尼奧・維拉萊格薩（Antonio Villaraigosa）發起「安全城市計畫」（Safer City Initiative，SCI），每年提撥六百萬美元，以解決和無家可歸有關的身分犯罪問題：坐在人行道上、亂穿越馬路、亂丟垃圾、隨處露營和行乞等。

都市社會學家福雷斯特・史都華指出，SCI計畫執行的第一年，洛杉磯警方就在那片居民僅一萬二千到一萬五千人的地區，執行了約九千次逮捕，並開出一萬二千張傳票。貧民窟的社會公正組織洛杉磯社區行動網評估了SCI計畫，訪問二百位貧民窟居民（包括有固定居所者與無家可歸者），結果受訪的二百人中，有一半以上在一年內被逮捕過。二〇〇八年的一項分析顯示，除了竊盜案略減以外，SCI計畫並未使當地嚴重的犯罪顯著減少[11]。

二〇一五年一月，我造訪貧民窟的警察局：中央分局（Central Division），並與資深警官迪昂・約瑟夫（Deon Joseph）談話，他在洛杉磯警局工作二十年了，其中有十八年是在貧民窟任職。如今新型的社區治安管理方法，是讓警官與他們負責的社區重新建立關係，約瑟夫就是這種模式的典型。他認為他是無家可歸者的保姆，把自己塑造成鼓舞人心的演說家。他也籌辦「女士之夜」活動，為貧民窟的女性提供法律資訊與基本自衛訓練。他也常發送衛生用品給無家可歸者，深受當地許多人的愛戴。

在許多社區，大家比較喜歡平時的社區治安管理，而不是出事後的被動執法，但這也引發了一些麻煩的問題。社區治安管理是讓警察扮演社服或治療方面的專業人士，但他們很少接受那方面的適當訓練。社區治安管理讓社服機構與警方的聯繫更加緊密，但這種關係也削弱了社服機構為邊緣人服務的能力，因為那些最邊緣化的群體往往有充分的理由逃避執法的警察。警察出現在社服組織中，就足以讓那些最弱勢的無家可歸者遠離社服組織，他們可能因為無家可歸身分的身分犯罪而正在逃避拘捕令。

約瑟夫警官出席了蘭普社區的協調入住會議，也參加了衛生局的街道清潔活動，他說他透過這些方式「向那些社服提供者展示那些長期無家可歸者的所在地」。他認為社區治安管理、融入社區的社服網絡、以及監管之間是相輔相成的。他說：「我會出去，步行巡邏，執行任務，走到有人睡覺的地方，告訴他們這區發生了什麼事。我也會坐在屋頂上，觀察毒品交易活動，這樣我就知道誰是販毒集團的頭目。我會出去進行『自願接觸』*（Consensual Encounter），跟他們交談，收集他們自願提供的資訊。」他透過社區治安管理所培養的關係，為他帶來了情報：線民主動找他，救濟會與社服機構也會跟他分享他們的監視攝影機所拍下的內容。他說，他相信社區治安管理的重要，因為「這幫我破案，幫我改善大家的生活，也讓一些本來不願配合警方的人與我合作」。

把「提供經濟保障」的方案與「打擊犯罪」的方案進一步整合在一起，可能導致那些極其貧困的人把日常求生對策變成犯罪。無家可歸者服務機構、商業發展區、執法單位利用許多高科技工具，不斷地收集資料。這讓貧民窟的居民覺得好像有一張網約束著他們，影響他們的每個決定。每天，他們都覺得系統鼓勵他們自我驅逐或自我禁錮。那些搭帳篷的人一直覺得他們有不得不經常搬家的壓力。那些住單人住房旅館或永久性輔助住房的人，也同樣感受到他們必須經常待在室內、遠離大眾視線的壓力。

■ ■ ■ ■ ■

洛杉磯社區行動網的人權捍衛者多頁將軍的經歷，就是一個很好的例子。他露宿街頭九十天後，終於在桑伯恩（Sanborn）單人住房旅館找到棲身之地。他在那裡住了幾天後，到戶外抽根菸。一名為商業改良區（Business Improvement District）工作的私人保全人員騎著一輛外觀像警用單車的車子過來問他：「你要站在這裡多久？」他回

*警察與個人透過自願接觸，進行非正式或非調查性的談話。個人可隨時依其自由意志離開或拒絕警察的要求。

答：「我不知道。」保全人員又問：「有人要過來跟你碰面嗎？你不能這樣站在外面，這是在遊蕩，會有遊蕩罪（loitering）＊。」

「是嗎？」多頁問道：「我以為遊蕩罪是帶著犯罪意圖在外面亂晃。」保全人員回應：「對，嚴格來說是那樣，但我們希望大家持續走動，不要賴著不走，你可以邊走邊抽菸嗎？」

多頁解釋，現在情況變得很嚴重，所有住在他那棟單人住房旅館的人，整天都窩在大樓裡。「住我那棟旅館的人都很害怕，每天活得戰戰兢兢的。某天他們還抽籤決定，誰去商店幫大家買東西。」他說：「離開公寓就像打越戰似的，你不確定你出去以後能不能回來。」

中央分局的警力過度集中，導致許多警察回應民眾報警，警方過度開單，執法過當。罰單未繳會變成通緝令，警察拿到通緝令後就可以開始逮捕。由於貧民窟的居民付不出保釋金，許多被捕者持續遭到監禁，直到法院開庭。與無家可歸者有關的犯罪指控，在開庭審理時往往會撤銷。但他們從被捕到案件撤銷，可能要關三四個月才獲釋。在關押期間，他們失去了住房、文件和寥寥可數的家當，也得不到社會服務。多頁說：「那感覺就像對這裡的流浪漢做資源回收一樣。他獲釋後，又得重頭經歷愚蠢的流程。」

以前讓社區存續的關鍵，是基層民眾想辦法「讓貧民窟維持嚇人的狀態」。然而，隨著這區逐漸仕紳化，再加上監控與治安管理日益嚴格，以前基層民眾使用的那招開始失效。當創意新貴試圖占領洛杉磯市中心，為富人收復這塊地區時，那表示把這區的窮人變得更好管理的壓力愈來愈大。協調入住與其他的高科技工具，使無家可歸者的行為變得更明顯、更容易追蹤、更好預測。當這種隱約的管理失效時，貧民窟的窮人面臨監禁的風險。

■ ■ ■ ■ ■

因此，洛杉磯的無家可歸者面臨棘手的權衡：接受 VI-SPDAT 調查時，坦承自己有風險性甚至違法的行為，可能會讓你在配對永久性輔助住房時，優先順位較高；但與此同時，你也會面臨執法單位的審查。協調入住系統不止是一個管理資訊或配對供需的系統，它也是一個分類窮人、把窮人當成罪犯的監視系統。

為了瞭解協調入住系統為什麼是一種監視系統，我們有必要先區分「舊式」監視與「新式」監視⑫。舊式的監視系統不是數位化，需要做個體化的關注：一小群執法

＊在不適當的地方徘徊而使他人產生恐懼心理的遊蕩行為。

人員或情報人員先找到目標，接著追蹤他，並記錄他的動向和活動，藉此編出一份檔案。舊式監視系統的目標之所以被選中，往往是因為他隸屬於某個團體。例如，美國聯邦調查局的反諜計畫（COINTELPRO）鎖定的民運人士，往往是因為他們屬於某個種族及從事政治活動。但竊聽、攝影、跟蹤以及其他的舊式監視技術，都是個體化且集中的。監視者展開監視以前，必須先確定目標。

反之，在資料導向的新式監視中，目標通常是從資料中浮現出來的。目標是在資料收集之後才出現，而不是在資料收集之前。系統會收集眾多個人與群體的大量資訊。然後，再探勘、分析、搜尋資料，以找出可能的目標，做更徹底的審查。有時這會涉及傳統的貼近觀察與跟蹤。但如今我們愈來愈常看到，系統只需要對現有資料做更精細的篩選就好了。如果說舊式監視系統有如天眼，那麼新式監視系統就像數位網路中的一隻蜘蛛，檢測網上每條蛛絲上的可疑脈動。

監視不僅是一種觀察或追蹤的手段，也是一種社會分類機制。協調入住系統收集跟個人行為有關的資料，評估其弱勢程度，並根據評估結果來指定不同的干預措施。「協調入住是一種類似醫療分診機制（triage）的分類處理法。」洛杉磯第三區住房與無家可歸事務副主管莫莉．萊斯曼（Molly Rysman）表示：「我們都覺得無家可歸者的問題就像一場天災。目前大家對住房有特別多的需求，但我們無法同時滿足所有的需求，所以必須先搞清楚：我們如何讓那些失血過多快死的人先獲得醫療，讓那些得流感的人再等一下？這麼做真的是逼不得已，但這是我們不得不面對的現實狀況。」

一九九三年，賓州大學的傳播學教授奧斯卡．甘迪（Oscar Gandy）出版了一本有先見之明的著作：《全景敞視分類》（*The Panoptic Sort*）。他在書中也提到，數位個資的自動分類是一種分類處理方式。他更進一步指出，triage 那個字是源自法語的 trier，意指對可銷售的產品精挑細選或分級。他寫道：「雖然有些隱喻不言而喻，但我還是要說清楚。」在數位分類中，「個體與群體是根據大家眼中的經濟或政治價值來分類。窮人，尤其是有色人種的窮人，日益被當成瑕疵品或受損品，等著報廢[13]。」

如果無家可歸像生病或天災那樣是無可避免的狀態，那麼使用分類法讓無家可歸者有機會獲得有限的住房資源是合情合理的。但如果無家可歸是政策決定及中產階級的冷漠所造成的人間悲劇，協調入住系統只是幫我們遠離了這種因為行動不果斷而產生的後果。協調入住系統作為一種道德評價系統，是一種製造合理化的機器，它幫我們說服自己相信，只有那些最值得幫助的人，才能獲得幫助。那些被判定為「風險太大」的人，則被當成罪犯看待。那些系統無法幫助的人，面臨著牢獄之災、進收容所或死亡的風險。

儘管H提案和HHH提案都通過了，但因此相信更快、更準確的資料就能為洛杉磯打造需要的住房，可能想得太天真了。洛杉磯人投票贊成多繳一些營業稅與房產稅，以便利用那些稅金來安置無家可歸者。但是，有住房的人就願意讓無家可歸者進駐他們的社區嗎？

證據顯示，建造新的低收入住房或改造舊建築來安置無家可歸者都是很大的挑戰。最近有兩項提議是為無家可歸者的家當興建儲物空間，它們都引發了整個社區的抗議。二〇一六年的秋天，一項提議是在威尼斯（Venice）海濱社區建立一個儲物設施。該提議掀起連串激烈的社區會議，一位當地的屋主直接提起訴訟以阻止該計畫進行。另一個類似的提案是在聖佩德羅（San Pedro）建造儲物中心，結果遭到當地的屋主聯合起來阻撓而宣告終止。洛杉磯對無家可歸者隨處搭帳篷的包容力本來就很低，如今大家覺得無家可歸者得到的資源增加時，他們對那些帳篷的包容力隨時都可能瓦解。就在選民投票贊成為無家可歸者提供新資源之前不久，市議會重新制定了一項市政條例，重新授權執法單位大舉掃蕩帳篷營地（那種掃蕩在瓊斯案和拉萬案裁決之前很常見）。

國宅的興建，原本是為了取代寄宿公寓和單人住房旅館，卻在一九五〇年代都更期間遭到拆除。新的平價住房開發計畫，面對洛杉磯的中產階級與有錢人的積極阻撓，可能也會像國宅那樣失敗。問題的關鍵不在於這個城市缺乏足夠的資料來判斷他們需要哪種住房以解決無家可歸問題，而是在於窮人與勞工階層及其盟友可能無法克服有組織的菁英團體所施展的政治阻力。

協調入住系統的支持者，就像許多想靠電腦運算力來促進社會正義的人，通常比較喜歡以系統工程方法來解決社會問題。他們認為，只要把正確的資訊有效率地輸入需要的地方，就可以解決複雜的爭議。在那種模式下，政治衝突主要是源於資訊匱乏。系統工程師認為，我們只要收集所有的事實，無家可歸之類的棘手政策問題都可以找到簡單、無爭議、大家普遍接納的答案。

但政治根本不是這樣運作的，政治衝突不單只是資訊問題而已，還涉及價值觀、成員身分、平衡相互競爭的利益。貧民窟與南洛杉磯的貧民及勞工階級的居民，想要平價住房與可用的服務；市中心的中央商業改良區想要打造適合旅人的街道；新來的都市新貴想要前衛風格及高級的全食超市（Whole Foods）；市政府想清除街頭巷尾隨處可見的帳篷區。雖然洛杉磯居民同意支付多一點稅金來解決這個問題，但許多人不希望無家可歸者搬到他們隔壁。真正解決住房危機需要非常龐大的資金，洛杉磯人並不想花那麼多錢解決問題。對於洛杉磯的未來前景，大家抱著很深的矛盾看法。收集更多的資訊不見得可以解決問題。

系統工程可以幫忙管理大型又複雜的社會問題，但它不會蓋房子，也不足以糾正大家對窮人根深柢固的偏見，尤其是對貧窮有色人種的偏見。加州大學洛杉磯分校的榮譽教授兼公益律師蓋瑞・布萊西（Gary Blasi）是無家可歸人士的支持者，他指出：「演算法本質上是愚蠢的，你無法開發出一種演算法來處理人類那麼多的變數、細微差別和複雜度。」雖然協調入住系統可以減少個別無家可歸者服務提供者的一些隱性偏見，但布萊西認為，那不表示它就是一個好主意。「我之所以反對協調入住系統，是因為它從問題的其他方面擷取了資源與關注。三十年來，我注意到一種觀念，尤其是受過良好教育的人特別容易出現這種觀念：他們認為這只是資訊問題，無家可歸者只是沒有資訊罷了。」

「說那是詐欺，又言之過重了，」布萊西說，「但無家可歸不是系統工程問題，而是需要能工巧匠的木工問題。」

■ ■ ■ ■ ■

我最後一次見到蓋瑞是二〇一六年十月，他看起來不像以前那麼健康，舉止更狂野，心理健康似乎正在惡化。他懷疑一位清道夫從帳篷偷走他的家當，氣得要命。當月稍後，蓋瑞與社區的其他成員發生衝突，他被迫把帳篷從東六大街洛杉磯社群行動網的前面移走。由於洛杉磯行動網一直堅定地為無家可歸者捍衛權利，那棟建築前面的街區就像無家可歸者的庇護所，洛杉磯警察會避免以身分犯罪為由，對那裡的無家可歸者開罰單或逮捕他們。蓋瑞把帳篷移到春街（Spring Street），幾個星期後的十二月二日，他就被逮捕了。

二〇一七年一月，蓋瑞從男子中央監獄打電話給我，說他因為用一支從九九美分商店（99 Cent Store）買來的塑膠掃把，打碎了公車的窗戶而受到指控。他堅稱：「那根本違反物理定律！他們讓法官看一張窗戶破損的公車照片，我說地方檢察官隱瞞了證明我無罪的證據。接著，他們就跟我談條件。他們不可能沒有監視攝影機拍下的影片，公車上不是至少都會裝六臺監視器嗎？」他樂觀地認為他坐牢幾個月就會獲釋。二〇一七年獲釋後，他面臨了多頁將軍描述的所有困境：他失去了帳篷、所有的家當、精心整理的文件，以及社交網路，不得不從頭開始。

下次他再接受 VI-SPDAT 調查時，得分可能會更低。那個模型把坐牢視為一種住房類型，系統會認為他沒那麼需要幫助，導致他的優先順位得分進一步下滑。他會因此陷入更深的困境，難以脫身：太活躍，所以不需要社服干預；但又太邊緣化，沒有援助的話，無法自力更生。「我是個罪犯，」他說，「只因為我活在這個世界上。」

4

阿勒格尼演算法

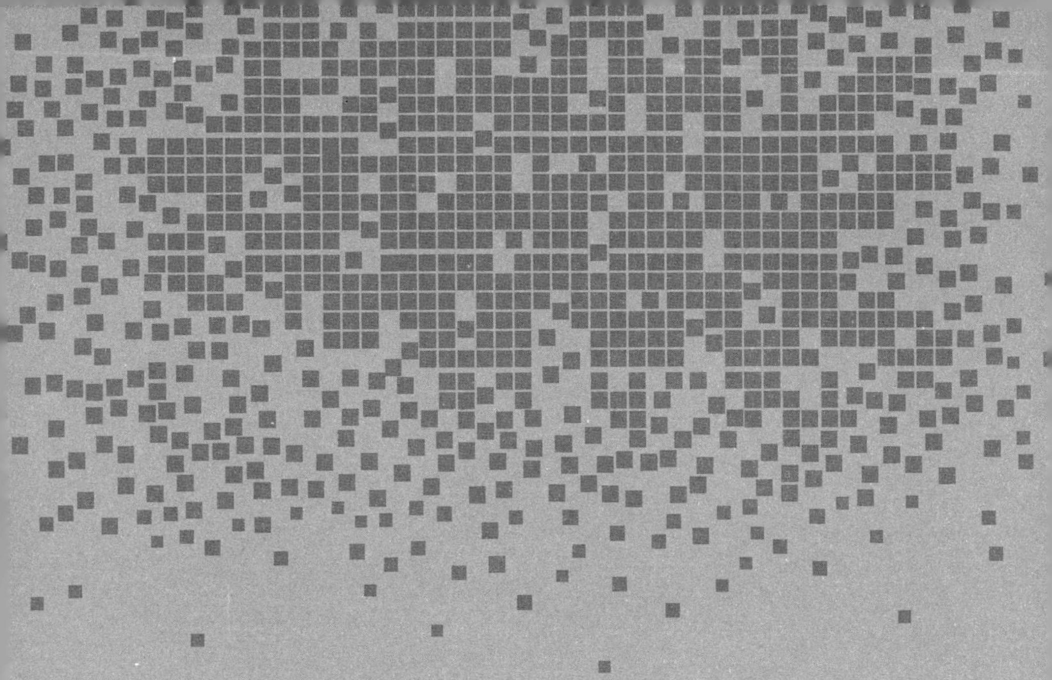

感恩節的前一週，我來到阿勒格尼郡兒青家庭局（Office of Children, Youth and Families，CYF）的虐童與忽視電話篩檢中心，這裡有一長排灰色的辦公隔間，我擠在最遠端的角落。我和案件篩檢員派特．戈登（Pat Gordon）共用一張桌子及一張紫色的小腳凳。我們正端詳著「關鍵資訊與人口統計系統」（Key Information and Demographics System，KIDS），這是一個布滿案例注釋、人口統計資料和專案統計數字的藍色螢幕。我們看著兩個家庭的記錄：兩個都是白人家庭、住在匹茲堡市，一個家庭有兩個孩子，另一個家庭有三個孩子。這兩個案子都是由一名授權檢舉者（mandated reporter，又稱「責任通報人員」）通報給CYF的。授權檢舉者是法律規定有義務通報兒童可能受虐的專業人士。阿勒格尼郡最近使用一款新的預測風險模型，預測虐童與忽視的可能性。這套系統的名稱是阿勒格尼家庭篩查工具（AFST）。派特和我正在比賽，看我們能不能猜出AFST如何評分這兩個家庭。

派特是那種會把別人家的孩子照片放在自己辦公隔間內的女人。她是匹茲堡本地人，匹茲堡海盜隊（Pittsburgh Pirates）的球迷，電話的耳機把她的齊耳短髮往後推，她只願意透露她「四十幾歲了」。她站起來迎接我時，電話機上有六通電話正等候接通。她的長袖粉紅T恤與暖棕色的皮膚很相稱。我們開始談論她服務的孩子時，她的頑皮笑容很快就轉為平靜的嚴肅表情。

在嘈雜的玻璃房間裡，像派特這種案件篩檢員，會對那些打電話來檢舉虐童或忽視案件的人進行訪談。這些案件篩檢員大多是女性，黑人與白人的比例幾乎各半。他們在一個龐大互連的郡資料庫系統中搜尋家庭的資訊。他們可以立即查詢酗酒與吸毒治療服務（Drug and Alcohol Services）、啟蒙計畫（Head Start）、精神健康服務（Mental Health Services）、住房管理局（Housing Authority）、阿勒格尼郡監獄（Allegheny County Jail）、州公共福利部（Department of Public Welfare）、聯邦醫療補助（Medicaid）、匹茲堡公立學校，以及十幾個其他計畫與機構的記錄。

派特遞給我一張雙面列印的紙，那是所謂的「風險／嚴重度量表」（Risk/Severity Continuum）。她花了一分鐘才找到，它被裝在一個透明的塑膠信封中，夾在桌面後方的一疊文件裡。她在電話篩檢中心工作五年了，她說：「員工大多已經把這個東西背得滾瓜爛熟了。」

但我需要額外的幫助才看得懂。我只是來見習的，但我被這個決定的重要性嚇到了。我從那張紙上密密麻麻的小字得知，五歲以下的孩子最有可能受虐或遭到忽視；先前的舉報若獲得證實，會增加一個家庭遭到調查的機率；父母對CYF調查員的敵意，會被當成高風險的行為。我好整以暇地對照KIDS系統上的資料與「風險／嚴重度量表」，派特對我翻了白眼，笑我動作太慢，說她不要等我了，她要按下那個執行風險模型的藍色大按鈕。

第一個孩子是六歲的男孩，這裡姑且稱他為史蒂芬。史蒂芬的母親因為有焦慮症，正在尋求心理治療，她對郡政府資助的治療師說，十一月初的某天，一個她不認識的人把史蒂芬放在他們家的門廊上。她聽到史蒂芬在外面哭，把他帶進屋內。那一週開始，史蒂芬開始耍脾氣，她擔心史蒂芬出了什麼事。她向治療師坦承，她懷疑孩子可能遭到虐待。治療師因此打州立的虐童熱線檢舉她。

但是，把一個哭泣的孩子留在門廊，並不符合賓州定義的虐童或忽視，所以案件篩檢員篩除了那通檢舉電話。儘管檢舉未獲證實，但通話記錄與案件篩檢員的註記都會留在KIDS系統中。一週後，一名無家可歸者服務機構的員工再次向電話篩檢中心通報史蒂芬的狀況：他穿著髒衣服，全身髒兮兮的，還有傳言指出他的母親吸毒。除了這兩份檢舉以外，那個家庭在CYF沒有其他的記錄。

第二個孩子十四歲，這裡姑且稱他為克里斯多夫。十一月初，某大非營利組織的社工去做社區家訪時，發現克里斯多夫住的地方門窗都破了，屋內很冷，克里斯多夫穿了好幾層衣服。社工說屋內有寵物的尿騷味，這家人睡在客廳，克里斯多夫睡在沙發上，他的母親睡在地板上。社工覺得屋內「凌亂不堪」。我們不確定這些狀況是否符合賓州定義的兒童忽視，但這個家庭在郡裡的不少公共服務專案中留了很長的歷史記錄。

沒有人希望孩子受苦，但政府在保護孩子方面究竟該扮演什麼角色才恰當，這是個很複雜的議題。一九七四年尼克森總統簽署《兒童虐待預防與處理法》（Child Abuse Prevention and Treatment Act）後，州政府獲得了預防、調查、起訴虐童與忽視行為的權力。該法把虐待與忽視兒童定義為「對兒童福利應負起責任的人，卻傷害兒童的身心、對兒童進行性虐待、疏忽對待或凌虐，以致兒童的健康或福利受損或受到威脅」。

即使最近有關當局釐清，傷害必須是「嚴重的」才算數，但究竟什麼行為才算是忽視或虐待，那其實有很大的主觀考量空間。打屁股算虐待嗎？還是拳打腳踢才算虐待？讓孩子獨自走到街區另一頭的公園算疏於看顧嗎？即使你能從窗戶看到孩子也算忽視嗎？在KIDS系統歸為「虐待」的條件列表中，第一個頁面顯示案件篩檢員有權把哪些教養行為歸類為虐待或忽視。屬於虐待或忽視的行為包括：棄嬰、遺棄、中斷或終止收養、看護者無力照護、兒童性行為異常、兒童藥物濫用、父母的行為使孩子置於險境、體罰、延遲／拒絕就醫、十歲以下兒童有違法行為、家暴、忽視教育、環境有毒物質、暴露在危險中、逐出家門、未能保護、無家可歸、衣物／衛生／身體保護或食物供應不足、不適當的看護者或管教、對他人造成的傷害或孤立等等。整份清單洋洋灑灑，要捲動好幾個頁面才看得完。

四分之三的兒福調查個案是涉及兒童忽視，而不是身心虐待或性侵。然而，常態性貧困與兒童忽視之間的區分，特別令人困擾。貧困家庭中常見的許多困境，常被官方定義為虐童，例如沒有足夠的食物、住房不足或不安全、缺乏醫療照護，或父母工作時放任孩子獨自一人。無固定居所的父母特別難留住孩子的扶養權，因為官方認為無家可歸的狀況是一種兒童忽視。

事實上，兒福社工大多不會只因為孩子的父母貧困，就想把孩子送到寄養家庭。調查人員通常不願把父母難以控制的情況定義為「忽視兒童」。相反地，兒福社工有時會以「把兒童送到寄養家庭」作為要脅，藉此取得資源以幫助那個家庭。他們可能打電話給公共援助機構，幫某個家庭取得糧食券，要求房東做必要的房屋修繕，或是為窮困的父母提供諮詢或社區援助。

在賓州，虐待和忽視的定義比較狹隘。構成虐待的條件包括：身體傷害導致損傷或嚴重疼痛、性侵或性剝削、心理／精神創傷，或上述情況有迫在眉睫的風險。兒童忽視必須是「長期或一再缺乏監督」，而且要嚴重到足以「危及孩童的生命或發育，或損害兒童的官能」。所以，派特與我在風險／嚴重度矩陣中尋找對應指標時，我認為史蒂芬與克里斯多夫的得分應該都很低。

這兩個案例都沒有通報受傷，沒有已經證實的先前虐待行為，沒有嚴重的情感傷害記錄，也沒有證實的藥物濫用情況。我擔心克里斯多夫的家缺乏供暖的問題，但我不會說他有迫在眉睫的危險。派特擔心六歲的史蒂芬，因為兩週內已經接到兩通檢舉電話。她歎息說：「我們才剛結案，就馬上又接到通報。」這表示一種忽視或虐待模式可能正在成形，或是那個家庭正陷入危機。那一通由無家可歸者服務機構打來通報的電話顯示，史蒂芬一家的情況急劇惡化，他和母親已經流落街頭。但我們兩人都認為，對這兩個男孩來說，他們受到直接傷害的風險很低，他們也幾乎沒有人身安全的威脅。

以一到二十分的評級來看，一是風險最低，二十是風險最高，我猜想史蒂芬是四分，克里斯多夫是六分。派特笑著按下按鈕。螢幕上出現的數字和她預測的一模一樣。史蒂芬是五分。克里斯多夫呢？十四分。

■ ■ ■ ■ ■

我來匹茲堡是為了研究 AFST 對貧困與勞工家庭的影響。這個系統的影響很大。美國疾病管制與預防中心（U.S. Centers for Disease Control and Prevention）的資料顯示，約有四分之一的兒童在一生中遭受到某種形式的虐待或忽視。該機構的「童年不良經驗研究」得出以下的結論：虐待或忽視會「對健康與生活品質產生很大的終生影響」，包括藥物濫用、酗酒、自殺、憂鬱症等情況的發生機率增加❶。

阿勒格尼郡兒青家庭局的行政處，離阿勒格尼河、莫農加希拉河（Monongahela River）、俄亥俄河在匹茲堡市中心的交匯點很近。阿勒格尼郡一直是勞工階級的大本營，這裡的人傾向支持保守的民主黨，而且自一七九一年威士忌暴亂（Whiskey Rebellion）*以來，這裡就有反抗政府干預的歷史。二十世紀初，這裡出現世上最早市值突破十億美元的 J. P. 摩根公司（J.P. Morgan）及安德魯．卡內基（Andrew Carnegie）的美國鋼鐵公司（United States Steel Corporation）。

一九八〇年代中期，美國鋼鐵公司突然關閉全郡的鋼鐵廠後，這裡經歷了幾十年的後工業撤資與人口下滑。但過去十年間，匹茲堡湧入一批年輕的大學畢業生，來這裡尋求健康、高等教育、科技和藝術領域的工作。匹茲堡這個曾是鋼鐵城的都市，如今約有一千六百家的科技公司，包括有四百五十名員工的 Google 分公司和 Uber 的自駕車部門。

在發生兩起公開的醜聞後，阿勒格尼郡公共服務部（Allegheny County Department

＊發生於賓州西部的抗稅運動。財政部長漢密爾頓（Alexander Hamilton）為了增加財政收入，由國會通過一項稅法，對威士忌酒徵收消費稅，引起西部農民的不滿，於是抵制納稅，並展開抗議行動。

Of Human Services）主任馬克．切爾納（Marc Cherna）於一九九六年二月來到這裡，接管當時名為「兒青服務局」（Children and Youth Services，CYS）的機構。那兩起公開的醜聞中，第一起醜聞是「拜倫寶寶案」（Baby Byron）：白人寄養家庭德札克一家（Derzack）拒絕把黑人嬰兒拜倫．格里芬（Byron Griffin）送還寄養機構，好讓拜倫與母親團聚。當時的標準政策不鼓勵寄養家庭收養他們照顧的孩子，也限制跨種族收養。時任ＣＹＳ主任的瑪麗．弗里蘭（Mary Freeland）依循標準政策，於一九九三年十二月二十七日在警方陪同下，前往德札克家抱走拜倫。拜倫回到母親拉珊．傑佛瑞（LaShawn Jeffrey）的身邊後，德札克一家上遍了全國性的訪談節目，把自己塑造成拯救嬰兒失敗的大善人，還出了一本書，和盤托出全部的經歷。

後來，一九九四年三月，有人發現二歲的珊蒂．福特（Shawntee Ford）陳屍在匹茲堡一家汽車旅館中。首席法醫的屍檢報告指出，這名幼童是被打死的，而且是在交給父親照顧幾週後身亡。在這之前，珊蒂的母親瑪貝爾．福特（Mable Ford）去接受藥物治療時，ＣＹＳ的社工曾把珊蒂從母親的身邊接走，後來母女團聚了。但之後有人發現她們住在紐約州水牛城（Buffalo）的一輛車內，於是珊蒂再度被帶走，珊蒂的父親莫里斯．布克（Maurice Booker）在此時申請對珊蒂的監護權。

這起案件開庭時，一位ＣＹＳ社工告訴法官，布克已經接受調查，ＣＹＳ對於布克照顧孩子的能力並沒有疑慮。但社工沒提到布克曾因酒駕及危害他人安全罪被捕。二月，在監護權訴訟後（珊蒂尚未死亡），布克也被指控，在新年前夕與警方對峙中，把女友和二個孩子當成人質。珊蒂過世後不久，州公共福利部以CYS違反了七十二條規定為由（包括沒有對父母的犯罪背景做及時調查），吊銷其執照。CYS主任弗里蘭在辭職謝罪的壓力下，不到一年就下臺了，轉往佛羅里達州接管一個兒童委員會。

■ ■ ■ ■ ■

切爾納說：「我來這裡接管兒青服務局時，這裡簡直是一國之恥。」一九九六年他來這裡時，有一千六百名兒童等著被收養，但這個單位每年只能處理六十件兒童收養案。這裡的社工收入比鄰近伊利郡（Erie County）的社工少了百分之三十五，而且大多沒有社工學位。他們的工作量超出負荷，一人同時服務三十個或更多的家庭。一個調查委員會形容，CYS與匹茲堡的黑人社區之間，有「嚴重對立」的關係[2]。儘管黑人只占阿勒格尼郡人口的百分之十一，但寄養制度中的黑人兒童比例高達百分之七十。CYS一直很難招募並留住有色族裔來當收養家庭、社工、行政人員。

切爾納剛接管這個機構時，郡府成立一個名叫ComPAC21的委員會，以研究阿勒格尼郡的政治結構。該委員會後來建議郡府把三十個部門合併為九大機構，以縮小郡府架構。他們把老年、兒青服務、智力障礙、行為健康和社區服務等單位合併起來，重新命名為公共服務部（Department of Human Services，DHS），並任命切爾納擔任該部門的領導人。

切爾納之前在紐澤西州青年家庭服務局（New Jersey Division of Youth and Family Services）擔任副主任。他臉色紅潤，性格開朗，常打著「救助兒童會」（Save the Children）的招牌領帶（棕色背景上，有兒童塗鴉的不同種族幼童）。他對於自己能在這個崗位上堅守二十年，深感自豪。能夠領導這個充滿挑戰的機構那麼長的時間，確實令人佩服。如今，DHS服務二十萬人，僱用九百四十名員工，管理四百一十七個承包機構，年度預算是八．六七億美元。

切爾納剛上任時，就提議建立一個資料庫。那是一個把DHS、郡府的其他機構、州公共援助專案所收集的資訊彙集在一起的中央化儲存系統。他用當地基金會所募集的二百八十萬美元，在一九九九年建立了這個資料庫。如今，這個資料庫是架在DHS總部的兩臺伺服器上，內有逾十億筆的電子記錄，平均每名阿勒格尼郡人有八百筆記錄。

二十九個不同的單位會定期把資料摘錄送過來，包括成人緩刑、吸毒酗酒治療服務、住房管理局、郡立監獄、少年緩刑處、阿勒格尼郡警局、州立所得補助處、精神健康與藥物濫用服務處、失業補助處及近二十個地方校區。資料摘錄中包含用戶姓名、社會安全碼、生日、地址及他們接受的服務類型與數量。資料庫主要是外包給跨國顧問公司德勤（Deloitte Touche Tohmatsu Ltd.）來管理，每年的管理費高達一千五百萬美元，約占DHS年度預算的百分之二。

切爾納和負責「資料分析、研究和評估」的副主任艾林．道爾頓（Erin Dalton）認為，資料庫有助於增加機構之間的溝通與問責，為用戶提供全方位的服務及削減成本。該部門可以配對內部與外部資料，驗證用戶的身分，確定用戶使用專案資源的資格，並密切關注用戶與公共服務單位的所有互動。

不過，該行政部門不僅負責收集與分析資料而已。切爾納上任之初，也主動接觸寄養家庭、收養父母、親生父母、服務提供者、兒童權益代表、律師與法官。管理顧問公司「改變管理者」（Stewards of Change）針對他領導的DHS寫了一份個案研究。在那份研究中，切爾納解釋：「我們的目標，是讓社群將兒福機構視為朋友，而不是敵人。」

「切爾納與鎮上的私人資助單位培養了非常深厚的關係，他和各單位的關係都很好。」匹茲堡大學兒童發展處的勞麗．莫維（Laurie Mulvey）表示：「他很清楚人際關係是關鍵，他很誠實坦率，也非常努力。」我前往匹茲堡做研究的過程中，幾乎每個受訪的社區成員都認同莫維的說法，稱讚切爾納的團隊融入社群的方式，溝通清楚，而且有很高的道德標準。如今的兒青服務局比以前更多元，反應更快，運作更透明。它鼓勵社群參與及領導。過去二十年來，切爾納備受社群的信任與肯定。

二〇一二年，賓州議會削減了百分之十的公共服務撥款，DHS因此減少了約一千二百萬美元的預算。二〇〇七年經濟衰退後，郡政府的財政收入下滑及服務需求增加，已經導致公共服務出現危機，二〇一二年的預算削減又使危機加劇。切爾納和團隊雖有豐富的資料，但缺乏物質資源，他們因此規劃了一份招標書，以便「在公共服務中加入決策支援工具與服務預測分析」。DHS撥出一百萬美元——由梅隆基金會（Richard King Mellon Foundation）資助——來打造一套自動篩選分類系統，以便把資源集中在效益最多的地方。

後來他們選了紐西蘭奧克蘭理工大學某個團隊的提案，那是由經濟學家希瑪·維蒂亞娜森（Rhema Vaithianathan）和南加大兒童資料網路主任艾蜜莉·普特南—霍恩斯坦（Emily Putnam-Hornstein）領導的團隊。他們提議設計、開發、啟用一種決策工具，藉由探勘切爾納的資料庫來預測阿勒格尼郡哪些兒童遭到虐待或忽視的風險最高。

維蒂亞娜森與普特南—霍恩斯坦之所以會相遇，是因為她們有一個共同的願景：在孩子出生時、甚至在出生以前，就預測他是否可能受虐。二〇一一年，普特南—霍恩斯坦與芭芭拉·尼德爾（Barbara Needell）發表的一篇論文寫道，開發出一種產前受虐預測演算法，理論上是可行的：「如果一種風險評估工具可以在孩子出生當天，找出最有可能受虐的嬰兒，那就有很大的價值。產前風險評估是在懷孕期間就找出有受虐風險的胎兒。❸」在世界的另一端，奧克蘭大學的經濟學副教授維蒂亞娜森的團隊正在開發這種工具。

紐西蘭社會發展部（Ministry of Social Development，MSD）委託維蒂亞娜森的團隊開發一個統計模型，以篩查那些用過公共福利、兒保機構、刑事司法系統的父母的資訊，藉此預測哪些兒童最有可能受虐或遭到忽視〔這個計畫是保守派寶拉·班奈特（Paula Bennett）領導的福利改革計畫的一部分〕。維蒂亞娜森主動找上普特南—霍恩斯坦一起合作。普特南—霍恩斯坦說：「能夠與維蒂亞娜森的團隊合作，一起研究即時運用資料來找出受虐兒的可能性，實在是令人振奮。」

維蒂亞娜森的團隊開發了一個預測模型，使用一百三十二個變數（包括接受公共福利的時間長度、以往使用兒福系統的情況、母親的年齡、孩子出生時是否只有單親撫養、心理健康和有無犯罪勒戒史等），藉此評估紐西蘭社會發展部的歷史資料中兒童受虐的風險。他們發現，他們的演算法能以「不錯」的精確度，預測這些孩子五歲時是否有「確鑿的受虐證據」。在二〇一三年九月發表的一篇論文中，該團隊建議紐西蘭社會發展部，在進行可行性研究及道德審查後，安裝該模型以計算風險得分，藉此主動鎖定目標，啟動早期干預計畫，「以預防虐童事件」[4]。

二〇一四年紐西蘭的大眾得知這項專案後，紛紛表達疑慮。學術界人士警告，這個模型可能不像該團隊聲稱的那麼準確：它從歷史資料找出的高風險受虐兒中，有近百分之七十預測錯誤[5]。有些人警告，那個模型主要是監測窮人的工具[6]。專案審查者擔心，毛利人（Māori）家庭的特殊需求並未獲得充分考量，因為毛利人的小孩被迫離開父母的比例特別多[7]。

二〇一五年，接替班奈特擔任社會發展部部長的安妮．托利（Anne Tolley）中止了一項觀察實驗的啟動計畫，該實驗對六萬名新生兒評估受虐風險，以測試維蒂亞娜森團隊所研發的那套工具是否準確。後來一份專案簡報流到媒體手中，在那份簡報的空白處，托利寫道：「在我任內不准推動！這些是孩子，不是白老鼠。」這項實驗在大眾的抵制下黯然收場。不過，當時維蒂亞娜森的團隊已經獲得阿勒格尼郡的合約，可以在該郡開發類似的預測風險模型。

■ ■ ■ ■ ■

回到電話中心，我和派特正在思考史蒂芬和克里斯多夫的得分。下午四點左右，電話中心的噪音量大增。我無意間聽到周遭辦公隔間裡其他案件篩檢員的提問：「她嗑什麼藥？」、「現在你身邊有任何人協助你嗎？有沒有好朋友幫你度過這種難關？」、「你怎麼拼 Duquan？」在另一個隔間裡，一位社工正在檢閱阿勒格尼郡普通民事訴訟法庭的拘留檔案。另一位社工正在使用 Facebook 尋找一個家庭，因為打電話來檢舉的人只知道那個母親的名字和電話號碼。隨著壓力愈來愈大，案件篩檢員之間的對話愈來愈尖酸犀利。

像派特這種案件篩檢員負責接聽該郡有關虐童與忽視的檢舉電話，並接收來自賓州熱線（稱為 ChildLine）的電子通報。他們會針對每件檢舉案件收集資料：來電者通報的性質、事件的具體情況、兒童和其他相關人的人口統計資訊（包括姓名、年齡、所在地、住址）。他們也會收集所有與虐童或忽視指控有關人員的歷史記錄。案件篩檢員對 ClientView 系統（DHS 用來搜尋資料庫的應用程式）有很高的使用權限。他們也會搜尋大眾可取得的資源，例如法院記錄、離婚文件、出生記錄或社群媒體。

克里斯多夫的案子是從州系統ChildLine送來的。派特收到的報告中寫道：「多元照護管理機構的社工（名字隱除）通報，房子的窗戶壞了，門也有破損。天冷時，屋內變得非常陰冷，孩子只好穿好幾層衣服。屋內有貓狗的尿騷味，地上有糞便。客廳裡堆了很多雜物。孩子自己選擇睡在客廳的沙發上，母親睡在客廳的地板上。」

由於克里斯多夫的案子仍持續進行中，派特還不會決定要不要對那個家庭進行調查。她只會先記錄那份檢舉文件，並讓負責該案的社工知道相關指控的緊迫性。派特說，如果她必須決定要不要調查這個案子，「我會問社工很多問題，例如你最近造訪那個家庭是什麼時候？你接觸這家人多久了？當初是什麼原因促使你接觸這一家人？這家人知道你向我們檢舉嗎？」

派特解釋，儘管阿勒格尼家庭篩查工具最近備受關注，但那只是決定一個家庭是否會被調查的三步驟流程中的最後一步。案件篩檢員會考慮指控的性質：那指控符合賓州對「虐待」的法律定義嗎？那在兒青家庭局的管轄範圍內嗎？接著，他們會考慮孩子面臨的直接風險：有沒有迫在眉睫的危險？當下有危險嗎？最後，案件篩檢員會搜尋所有可用的資源，以確定這個家庭的歷史記錄。案件篩檢員為個案撰寫這些歷史記錄時，AFST是扮演輔助的角色。

案件篩檢員的人為判斷力，搭配預測風險模型深入探究歷史資料的能力，為該系統提供了最重要的保障。道爾頓表示：「這是我們獲得資訊最少的地方。來電檢舉的人其實知道的不多，但我們對那些家庭的瞭解很多，資料中有很多的歷史記錄，我們可以提出更有依據的建議。」

派特為我詳細解說克里斯多夫的案子。「這個孩子的年紀稍大一些，」她說，「所以他的脆弱度比較低，他也沒有實際受到傷害之類的。之前有受虐或忽視記錄嗎？這個家庭已經有一份公開的『一般保護服務』（General Protective Services，GPS）案例了。在這項指控中，我沒看到父母或孩子有心理問題。」在指控的嚴重度方面，她勾選了「低」。接著，她考慮孩子當下的安全問題。她說，門窗破損確實令人不安，但「不是迫在眉睫的危險，聽起來不像當下有危險」。然後，她按下執行阿勒格尼家庭篩查工具的按鈕。克里斯多夫的分數以狀似溫度計的圖顯示在她的螢幕上：底部是綠色，中間是黃色，頂部是紅色。克里斯多夫的得分十四是落在紅色「緊急！」狀況的底部。

我看到克里斯多夫的得分幾乎是史蒂芬的三倍時，非常驚訝。克里斯多夫是十幾歲的少年，史蒂芬才六歲。ChildLine 的報告顯示，除了居住環境擁擠和住房簡陋等窮人常見的狀況以外，並沒有其他的危害。為什麼他的得分那麼高？派特試著向我解釋原因。克里斯多夫的家庭在公共服務方面的記錄，可以追溯到他母親的童年。因此，儘管指控不嚴重，克里斯多夫看似安全，但這個家庭的AFST分數很高。

■ ■ ■ ■ ■

儘管AFST的螢幕清楚寫道，該系統「不是用來調查或做其他兒福決定」，但二〇一六年五月奧克蘭大學的提姆．戴爾（Tim Dare）與加州大學柏克萊分校的愛琳．甘布里爾（Eileen Gambrill）發布的道德評估報告警告，AFST的風險評分可能使案件篩檢員懷疑自己的判斷力。維蒂亞娜森堅稱，那個模型的建構方式會讓案件篩檢員質疑系統預測的準確性，並聽從自己的判斷力。她說：「我這樣講可能聽起來很矛盾，但我確實希望案件篩檢員稍稍削弱這種模型的效力。我希望他們能夠說，這次篩檢分數是二十分，但這次指控很微不足道，模型告訴我們的資訊只是這個家庭的歷史記錄。」

不過，根據我自己在電話中心的觀察，我覺得這個模型已經微妙地改變了一些案件篩檢員的工作方式。「我們完成所有的研究之後，分數會出現在報告的末尾。」案件篩檢員的主管潔西．薛姆（Jessie Schemm）說，「如果你接到檢舉，做了所有的研究，然後你執行程式，發現系統算出來的分數和你的研究不符，通常那表示你有遺漏東西，你需要湊出遺漏的那一塊。」

我們都很容易相信機器的結果，因為機器看起來比較中立、客觀。但是，當管理者認為，案件篩檢員和電腦的評估有衝突時，案件篩檢員應該向模型學習，那樣的想法令人不安。AFST就像所有的風險模型，只告知事件機率，不是完美的預測。雖然它可能發現型態與趨勢，但它經常誤判一些個案。維蒂亞娜森與普特南—霍恩斯坦說，案件篩檢員曾經要求，他們希望在看到AFST分數以後，可以回頭修改他們的風險評估。由此可見，他們覺得那個模型比案件篩檢員更不容易出錯。目前為止，切爾納與道爾頓一直反對這種回頭修改的功能。案件篩檢員的風險與安全評估是鎖住的，在AFST運算過後就不能更改了，除非由主管更改。

看似權威客觀的電腦化評分、對風險的規避，或是覺得兒童可能有生命危險的過度謹慎心態（這種心態是可以理解的），使人很容易看到閃爍的紅色數字，就忽略了案件篩檢員的專業判斷。AFST應該是用來輔助電話中心的真人決策，而不是取代真人決策。然而，實務上，演算法似乎是在訓練案件篩檢員。

此外，如果一個家庭的AFST風險評分超過十六分，系統會自動啟動調查，除非有主管撤銷調查。「一旦執行演算法，系統就開始自行運作。」阿勒格尼郡兒青家庭局區域案件篩檢員的主管布魯斯．諾埃爾（Bruce Noel）說，「一種可能的結果是，模型告訴你，你必須把這個案件篩選到調查清單中。」

一個十四歲孩子，住在陰冷髒亂的房子；另一個六歲的孩童可能無家可歸，而且母親懷疑他可能受虐，結果前者的風險評分幾乎是後者的三倍。在這些案例中，模型似乎不符合常識標準，無法提供夠實用的資訊來指引篩檢員的決策。為什麼會這樣？

資料科學家凱西・歐尼爾（Cathy O'Neil）寫道：「模型是嵌入數學的觀點[8]。」模型之所以有用，是因為它們能幫我們剔除無關的其他資訊，只專注在對預測結果最重要的東西，但它們也是抽象的概念。什麼元素該納入模型，那些選擇反映了模型開發者的關注重點與偏好。人類的決策反映在AFST的三個關鍵組成中：結果變數（outcome variable）、預測變數（predictive variables）和驗證資料（validation data）。

■ ■ ■ ■ ■

結果變數是你衡量的指標，以顯示你試圖預測的現象。以AFST來說，阿勒格尼郡關注的焦點是虐童問題，尤其是可能致死的現象。但阿勒格尼郡因虐童而死亡或瀕臨死亡的人數都非常低，幸好一年只有少數幾人。這麼少的資料並無法打造出有統計意義的模型。

因此，用兒青家庭局社工所證實的虐童案來取代實際存在的虐童案，似乎合乎邏輯。然而，「證實」是一個不精確的衡量標準：它只意味著CYF認為有足夠的證據顯示一個孩子可能受到傷害，而讓那個家庭獲得某些社會服務。社工為了讓一個家庭獲得需要的資源（例如糧食券或平價住房）會去證實一個案件。有些社工之所以證實案件，是因為他們雖然沒有可信的證據，但強烈懷疑孩子遭遇不好的事情。有些案件之所以獲得證實，是因為受到驚嚇的父母承認他們其實沒做的虐待或忽視。「證實」不是明確的指標，所以不能當成結果變數。

雖然使用比較直接的測量指標最好，AFST使用兩個相關變數（所謂的代理變數）作為虐童的替代指標。第一個代理變數是社區再度轉介（community re-referral），這是指一通虐童的檢舉電話最初被篩除，但CYF在兩年內又接到同一兒童的另一次檢舉。第二個指標是兒童安置，這是指一通虐童的檢舉電話被篩選列入調查，導致該兒童在兩年內被安排到寄養家庭。由此可見，AFST其實是預測社區的決定（哪些家庭可能被檢舉）及機構與家事法院的決定（哪些兒童將被帶離家庭），而不是預測哪些兒童可能受到傷害。

預測模型需要清楚、明確的衡量標準及許多相關的資料，才能精確地運作。但那也表示模型必須測試可用的資料。道爾頓說：「我們沒有完美的結果變數，我們覺得傷害並沒有完美的代理變數。」

預測變數是資料集（data set）裡面一些與結果變數有關連的資料。為了幫AFST找預測變數，維蒂亞娜森的團隊執行了一個統計程序，名叫「逐步機率回歸」（stepwise probit regression）。這是一種常見但有些爭議的資料探勘流程。這種電腦化的方法剔除了與結果變數不夠相關而無法達到統計意義的變數。換句話說，它搜尋所有可用的資訊，以找出隨著你試圖測量的東西而變化的任何變數——這導致有人指責這種方法是一種「資料打撈」（data dredging，意指玩弄數據），或是一種偷雞摸狗的統計調查。

對於AFST，維蒂亞娜森的團隊測試了切爾納資料庫中的二百八十七個變數。回歸分析剔除了其中一百五十六個變數，留下該團隊認為可預測兒童傷害的一百三十一個因素[9]。

即使回歸分析找到可一起上升或下降的預測因素，相關性也不表示有因果關係。舉一個經典的例子，鯊魚襲擊和冰淇淋銷售有高度相關，但不表示游泳者吃冰淇淋會導致游泳速度太慢而躲不掉鯊魚，也不代表鯊魚會被冰淇淋吸引。有第三個變數影響鯊魚攻擊和冰淇淋銷售：夏天。天氣變暖時，冰淇淋銷售與鯊魚襲擊都增加了。

驗證資料是用來看模型的效果。在阿勒格尼郡，這個模型被用來測試CYF於二〇一〇年四月到二〇一四年四月之間收到的七萬六千九百六十四個案例[10]。維蒂亞娜森的團隊把案例分成兩類：其中百分之七十用於決定預測變數的權重（亦即每個變數對他們想預測的結果有多重要）。接著，賦予一百三十一個預測變數適當的權重後，以模型來檢測其餘百分之三十的案例，看那個模型能不能可靠地預測歷史資料中的實際結果。

一個完美的預測模型應該在「接收者操作特徵」（receiver operating characteristic，ROC）曲線下出現百分之百的吻合。一個沒有預測能力的模型（預測正確的機率跟拋擲硬幣猜正反面的機率一樣），在ROC曲線下有百分之五十的吻合度。AFST在ROC曲線下的最初吻合度是百分之七十六，這跟每年乳房X光檢查的預測準確度差不多[11]。

百分之七十六可能聽起來不錯，但這個機率只介於拋硬幣與完美預測的中間。雖然拿它跟乳房X光檢查的準確度來做比較有說服力，但我們也應該注意一個重要的事實：二〇〇九年，美國預防服務工作組（U.S. Preventative Services Task Force）已經停止建議四十歲以上的女性做乳房X光檢查，也減少對五十歲以上的女性推薦乳房X光檢查，因為他們擔心女性受到假陽性、假陰性、年度輻射的影響[12]。二〇一六年，阿勒格尼郡有一萬五千一百三十九件虐童與忽視的通報。按照目前的準確率，AFST產生了三千六百三十三件錯誤的預測。

總之，AFST本身有設計缺陷，限制了它的準確性。它預測哪些家庭將被通報虐童與忽視，以及哪些兒童將被帶離父母身邊——這些只是兒童傷害的代理變數，不是虐童實例。它使用的資料集，只包含那些取得公共服務的家庭的資訊，所以它可能遺漏了影響虐童與忽視的關鍵因素。最後，它的準確度只是中等，每年一定會產生上千筆假陰性與假陽性的預測。

■ ■ ■ ■ ■

當結果變數是主觀的，模型的預測力就會受損。某個家長再次被檢舉，真的是因為他忽視孩子嗎？還是因為鄰居對她上週舉辦派對很不滿？社工與法官決定把孩子送去寄養，是因為孩子有生命危險嗎？還是因為他們對「好父母」的定義有文化上的成見，又或者是因為他們擔心不謹慎行事的話，後果可能不堪設想？

在電話中心，我向派特提到，我與CYF系統中的家長談到AFST可能對他們產生的影響。我告訴她，多數家長都擔心假陽性：亦即實際上幾乎沒什麼風險，但模型評估他們的孩子有受虐或遭到忽視的高風險。我想，如果克里斯多夫的母親知道她家的風險評分，她可能會有這種感覺。

但派特提醒我，我也應該擔心假陰性的問題，亦即指控或孩子面臨的直接風險可能很嚴重，但AFST的評分顯示風險很低。「假設他們沒有什麼歷史記錄，只是不積極配合我們。但檢舉者的指控很嚇人。CYF讓我們獨立思考判斷，可是我會忍不住一直擔心……例如那個孩子的骨骺板斷裂，那非常符合受虐的情況……骨骺板斷裂只有一、二種可能，但偏偏AFST的評分很低！」

阿勒格尼郡的資料庫中，存了許多有關公共服務使用情況的資訊，但是該郡對於沒有使用公共服務的人，卻沒什麼相關資料。DHS的資料中，不包括父母獲得私人藥物治療、心理諮詢或經濟援助的資料。由於描述他們行為的變數還沒有定義或納入回歸分析，AFST可能忽略了虐童問題的關鍵部分。它可能遺漏了使冰淇淋和鯊魚襲擊連在一起的關鍵變數：夏天。

例如，地理位置偏僻可能是虐童的一個重要因素，但它沒出現在資料集裡，因為阿勒格尼郡取得公共服務的多數家庭是住在密集的城市社區。我問派特，她是否擔心那些住在郊區、以前從來沒有人打過熱線電話來檢舉的家庭，或者照護者有精神疾病或藥物成癮，但因為是使用私人治療服務，所以沒納入系統中。派特回應：「沒錯！我很想知道有關當局是否明白這點。我的意思是，我們目前沒有關注那一塊，但我希望他們明白這點。」

■ ■ ■ ■ ■

我在杜肯家庭支持中心（Duquesne Family Support Center）見到安琪．謝波（Angel Shepherd）與派翠克．格立普（Patrick Grzyb）。杜肯家庭支持中心是二十六個社區中心之一，家庭可以在這些社區中心裡參加家庭方案，取得資源，與他人交流。二〇一六年一個秋高氣爽的日子，我與該組織的家長委員會成員交談。那次討論氣氛非常熱絡，話題廣泛，反應熱烈。家長談到他們與阿勒格尼郡兒青家庭局的互動經歷時，現場氣氛時而充滿憤怒的蔑視，時而出現淚流滿面的感激，時而湧現震驚的恐懼。

在那場討論會上，安琪與派翠克並不突出，因為他們的經歷很普通，只是白人勞工家庭經歷的日常屈辱。二〇〇二年同居以來，他們做了多種服務業的工作，從折扣零售商達樂超市（Dollar General）的店員，到高中的武裝保全，再到餐飲外燴服務等，可說是五花八門。派翠克在附近的芒霍爾鎮（Munhall）出生。他出生二十年後，芒霍爾鎮的主要雇主霍姆斯特德鋼鐵廠（Homestead Steel Works）於一九八六年關廠。他上完九年級就輟學了，他形容自己「學習緩慢」，但還算聰明勤奮，足以做全職工作並獨自撫養三個孩子。安琪與派翠克網戀兩年後，安琪冒險搭上巴士，從加州來和派翠克會合。最近，安琪再次冒險一搏，她決定去大學攻讀網路安全的學位。但這次她就沒那麼幸運了，學費高昂的大學線上課程使她背了不少學貸，而且目前也看不到就業前景。

他們是一個多代同堂的混合家庭。塔巴莎（Tabatha）是派翠克的成年女兒，她帶著自己的女兒與派翠克、安琪一起住在承租的小公寓裡。塔巴莎的女兒戴瑟瑞（Deseraye）現年六歲，頂著一頭紅髮，活潑開朗，愛撒嬌。安琪的女兒哈麗葉（Harriette）是個早熟的九歲女孩，精力旺盛，有深棕色的肌膚和黑色捲髮，熱愛《倖存者》（*I Survived*）系列小說，那些童書的封面都是逃離火災、龍捲風、火山爆發、納粹入侵的年輕人。二〇一六年十一月我造訪他們家時，哈麗葉讓我看她目前最喜歡的一本：《我是卡崔娜颶風的倖存者》（*I Survived Hurricane Katrina*）。

派翠克與安琪是充滿創意又盡責的父母。每次那兩個小女孩吵架時，派翠克與安琪就讓她們一起穿上「和睦相處衫」——那是派翠克的寬大襯衫。兩個女孩各自把一支手臂穿進一邊的袖子裡，另一支手臂摟著對方的腰。他們讓兩個女孩一直待在那件襯衫裡，直到她們停止爭吵。「即使她們要去上廁所，也要一起穿著去。」派翠克笑著解釋，淺褐色的眼睛閃閃發亮。

雖然他們那間棕色瓦房的家門上貼著聖方濟各的祝福，但這家人還是經歷了美國勞工階級常見的各種創傷：健康危機、失業和身體殘疾。儘管如此，他們依然維持非凡的韌性、詼諧幽默、慷慨大方。

安琪習慣在他們談話時拍打派翠克以示強調，但派翠克依然淡定，像個皈依佛門的前摩托車手，寬闊的肩膀放鬆，細心修剪的鬍鬚微微地顫動。他稱呼安琪「我的天使」，不時朝著她露出微笑。現在派翠克因罹患糖尿病已經失去三根腳趾，安琪失業了，他們大部分的時間是在家庭支持中心當志工。夏天，派翠克參與「弗雷迪準備就緒」（Ready Freddy）計畫，幫年幼的孩子準備上幼稚園。安琪則是幫忙處理行政事務，並為所有的會議做會議記錄。

安琪和派翠克與兒青家庭局有很長的互動歷史。早在二〇〇〇年代初期，派翠克就因為醫療忽視行為而受到調查。當時女兒塔巴莎掛急診後，他付不起女兒的抗生素費用。後來，塔巴莎的病情惡化，派翠克隔天又把她送回急診室，一位護士威脅要打電話去CYF檢舉他。派翠克既恐懼又生氣，抱起女兒離開，但調查就此開始了。他回憶道：「他們在深夜過來，大概是十一或十二點，那時孩子都睡了。他們和警察一起過來，說明他們來的原因，然後就進屋內檢查房子，看孩子睡覺的地方。二、三天後，我收到一封信。信上寫道，我將因為疏於照顧孩子而被立案，直到她十八歲。」

哈麗葉則是從出生以來，CYF就一直出現在她的生活中。哈麗葉出生那天，安琪就把她送到寄養家庭，但是當她開始懷疑寄養家庭虐待哈麗葉後，就努力想把哈麗葉帶回來自己扶養。她申請並獲得了親子教養課程，也從相關的機構獲得諮詢。她重新獲得監護權的經驗大多是正面的。哈麗葉回家後，她的社工甚至發現育嬰室有供電問題，並打電話給安琪的房東，威脅房東叫合格的電工來修理，否則要把全家趕出那棟房子。

哈麗葉五歲時，有人連續打了好幾通電話檢舉安琪虐待並疏於看顧孩子。那個匿名的檢舉者說，哈麗葉在無人監管下在鄰里內亂跑。安琪反駁：「我沒有看管哈麗葉的時間頂多只有二分鐘，但我們這一帶有些人會打電話去檢舉這些事情。」CYF的審查員開始調查哈麗葉的情況，也到她家實地採訪他們一家人及鄰居。調查員拉著哈麗葉的手，試圖把她帶到街上，在離開母親的地方訪問她。安琪回憶道：「幸好，我女兒很有自我保護意識，她說：『我不能去那裡，那樣做就破壞規矩了。』」社工只好把哈麗葉帶到後院，讓安琪在前院等候。

社工和哈麗葉談完後，把安琪拉到一旁說：「哇，這小孩真乖。」安琪告訴她：「你不曉得要讓她那麼乖，需要花多少心思。」安琪解釋她管教孩子的方式並舉了一個例子：他們在人行道上畫一個停止標誌，在裡面寫上「停止」（Stop）一字。如果哈麗葉越過那個標誌，就必須在門廊的臺階上坐一段時間。於是，調查員就此結案。

另一次檢舉是打到電話中心，檢舉者說哈麗葉正在街區的另一邊逗弄一隻狗。安琪知道哈麗葉趁她去洗手間時偷偷溜出院子，故意把食物扔到狗搆不到的地方，讓狗吠個不停。安琪想盡辦法處理這種行為問題。她解釋，如果哈麗葉繼續這樣調皮，可能會受傷，所以她那天沒收了哈麗葉的漫畫，也要求哈麗葉去跟狗主人道歉。「這就是CYF接到電話檢舉的前一天，我要求她做的事！」安琪聳聳肩說道，「我告訴那位女士：『我不會騙你，她被逮到戲弄那隻狗好幾次了。我正在幫她解決這個問題。』」但調查員不相信哈麗特是安全的，安琪記得那位女士說：「那可能就算忽視孩子了。」安琪向一位調查主管解釋，她可以隨時看管哈麗葉，甚至在浴室裡也可以，於是CYF就結案了。

後來又有一連串的電話檢舉，宣稱哈麗葉沒有獲得溫飽、沒洗澡，也沒有服用抗癲癇藥物。安琪和派翠克向社工解釋，哈麗葉的神經科醫生已經連續取消兩次預約，也取消處方，因為哈麗葉已經一年多沒接受檢查了。她頭上戴著用來測量癲癇的醫療裝置，那使得幫她洗頭變得非常困難。但是哈麗葉並沒有像檢舉者說的那樣，赤腳在寒冷的地面上跑來跑去，而且他們正努力幫她尋找新的神經科醫生。安琪簽了一份授權書，讓CYF查閱哈麗葉的醫療檔案。CYF證實他們所言不虛後，就結案了。

派翠克和安琪懷疑，是鄰居或家庭成員故意打電話去檢舉他們。安琪想提告，但無能為力。打電話去檢舉虐童與忽視的人可以選擇匿名，所以不負民事或刑事責任。

「好像每隔一週他們就會出現。」安琪沮喪地說，「他們什麼也沒發現，所以我們的案子結案了。但每隔一陣子，我就會覺得他們特地開車過來查看我們。」

派翠克從他與CYF互動的經驗中學到的是：永遠要對他們畢恭畢敬的。遵守CYF要求的一切，即使你覺得自己受到不公平的對待也要乖乖遵守。「我覺得這不公平，但我不會反抗。」他說，「我心想，我要是反抗的話，他們可能真的把孩子帶走。」他解釋，情況總是對CYF比較有利。他說：「那很可怕，我心想：『他們是來帶走孩子的。』那是你首先想到的事：CYF來帶走孩子。那感覺很難受，尤其警方也來了，我永遠不會忘記那些經歷。」

■ ■ ■ ■ ■

安琪與派翠克就像我訪問的每位與CYF交涉過的父母，對CYF有很深的複雜情緒。他們描述恐懼與沮喪的經歷，但是對於自己獲得援助與資源也覺得很感恩。他們希望自己在家庭支援中心當志工可以幫助其他的家庭保護孩子，但他們也擔心與CYF的任何互動都會提高他們的AFST分數。

每次我問這些家長有關AFST的問題時，他們的反應大多是害怕又惱怒。有些人認為，那個系統鎖定他們監督並不公平。有些人覺得以一個數字來概括他們為人父母的歷史實在很不人道。有些人認為，這種模式將使他們在系統中行使有限的權利變得更加困難。

對美國黑人父母來說，這種情況特別明顯。珍寧（Janine）因害怕CYF報復，要求我只提她的名字，不要提到姓氏。她致力為賓州蘭金市（Rankin）的貧困家庭發聲。我問她對預測模型的看法時，她直言：「那一定會失敗的，太多風險了，每個人都是一種風險。」

珍寧說「每個人都是一種風險」，並不是指任何人都可能打她的孩子，而是指她那個社區的每個家長都可能被AFST鎖定為監督對象，只因為他們是窮人又是黑人。全國少年暨家事法官協會（National Council of Juvenile and Family Court Judges）收集的統計資料顯示，在三十七個州，多明尼加裔、波多黎各裔、非裔美籍黑人和原住民兒童被帶離原生家庭的比率，遠比他們占總人口中的比例還高。例如，二〇一一年，阿拉斯加州有百分之五十一的寄養兒童是原住民，但原住民僅占當地青幼年人口的百分之十七。在伊利諾州，百分之五十三的寄養兒童是黑人，但黑人僅占當地青幼年人口的百分之十六。

二〇一六年，阿勒格尼郡有百分之四十八的寄養兒童是黑人，但黑人僅占該郡青幼年人口的百分之十八。換句話說，以黑人占總人口的比例來看，黑人兒童的寄養機率是正常情況的二・五倍以上。切爾納與道爾頓把ＡＦＳＴ視為一種避免人為臆測案件的工具，希望它能提供資料，以揭露案件篩查決策中的偏見。道爾頓說：「我現在看到很多變數，我不會說ＡＦＳＴ可糾正比例失衡的問題，但至少我們可以更清楚地看到那現象。」她認為，ＡＦＳＴ藉由探勘資料庫中的豐富資料，可以幫主觀的案件篩查者做更客觀的建議。

但二〇一〇年阿勒格尼郡ＣＹＦ做的種族比例失衡研究發現，該郡兒福服務中絕大部分的失衡，是「轉介偏差」（referral bias）所致，而不是「篩查偏差」（screening bias）造成的[13]。社群打電話來檢舉黑人與混血家庭有虐童與忽視問題的頻率，比檢舉白人家庭高。雖然二〇〇六年阿勒格尼郡白人兒童的數量是黑人及混血兒童數量的三・五倍，但這兩個群體被電話檢舉到ＣＹＦ的數量是相等的，都是約三千五百人。

該研究發現，轉介中的種族失衡問題，往往是因為檢舉人誤解了ＣＹＦ的使命與角色、誤解了有色人種的社區問題及階級影響了他們對育兒的期望。一位受訪者說：「我永遠不會忘記一個案例。我終於找到那個孩子的治療師，我問她是怎麼回事，這個孩子明明可以回家啊。不騙你，治療師說，那個環境對孩子不好。她覺得那個鄰里有社區暴力。」另一位受訪者說，一家診所經常打電話到ＣＹＦ檢舉父母沒有照醫療預約時間帶子女就診，即便他們後來有補看醫生了。

研究顯示，孩子被轉介到CYF後，篩檢員的判斷對比例失衡問題沒有多大的影響。案件篩檢員把黑人與混血兒童篩選為調查目標的可能性，只比白人兒童略高一些。他們決定調查百分之六十九的黑人與混血兒童案件，百分之六十五的白人兒童案件。那些調查案件中，證實有虐童或忽視現象的案件比例差不多：百分之七十一的黑人與混血兒童案件和百分之七十二的白人兒童案件證實真有問題。

■ ■ ■ ■ ■

AFST把所有的預測力與運算力都集中在檢舉篩選（這是它可以透過實驗掌控的步驟），而不是集中在轉介（亦即種族比例失衡問題滲入系統的階段）。在幕後，AFST會算出兩個分數：再次接到電話檢舉同一個孩子的可能性；這個孩子送去寄養的可能性。AFST並沒有平均這兩個分數（如果平均兩者，可以利用CYF調查人員及家事法院法官的專業判斷，減輕社區轉介所造成的一些種族比例失衡問題），而是直接取兩者中較高的那個分數。

像安琪與派翠克經歷的那類騷擾電話，會把一些「雜訊」導入模型中，進一步損害模型的準確性。不和睦的鄰居、尋求監護權的分居配偶、房東和關係有嫌隙的家庭成員，常打電話到CYF檢舉，以報復或懲罰當事人。雖然這個主題的相關研究很少，但一九九八年加拿大虐童與忽視檢舉案件的研究報告顯示，約百分之四的虐童舉報是刻意謊報。在二〇一六年收到的一萬一千三百九十份阿勒格尼郡虐童與忽視案件中，保守估計有六百零五份是故意謊報。惡意檢舉虐童與忽視案件是違法的，但賓州目前接受匿名檢舉。所以，如果鄰居、親戚或熟人決定以這種方式來騷擾或恐嚇一個家庭，家長幾乎無能為力。AFST也沒有辦法辨識或篩除這種騷擾電話。

把「電話轉介」當成虐童的替代指標有很大的問題，那很容易遭到操弄。CYF自己的研究顯示，該郡兒童保護系統中的種族比例失衡問題幾乎都是這個因素造成的。換句話說，把最多種族偏見導入系統的活動，正是這個模型定義虐待的方式。這個容易操弄又有歧視性的變數，可能抹煞了切爾納和團隊所做的一切努力。

「我們無法掌控電話。」切爾納說，「當事人掛急診時如何回應醫護的詢問、文化因素，以及其他的一切……都是我們無法掌控的。」但該郡確實掌控了它要收集什麼資料以及選擇何種變數。

■ ■ ■ ■ ■

在阿勒格尼郡，那些與CYF有互動的家庭，絕大多是勞工家庭或貧困家庭，不分黑人或白人。雖然匹茲堡僅百分之二十七的兒童接受公共援助，但二〇一五年有百分之八十被送去寄養的兒童，是從那些依賴TANF或SNAP的家庭帶走的。也就是說，在阿勒格尼郡，階級型的比例失衡比種族型的比例失衡還要嚴重。不過，窮人跟傳統的弱勢族群不同，大家並未普遍認為窮人是法律應該保護的階層，所以兒福機構對貧困家庭有太多的歧視性關注，並未引發社會的質疑。

AFST認為「使用公共服務」對兒童是一種風險。AFST的預測變數中，有四分之一是直接衡量貧困：他們追蹤TANF、補充保障收入、SNAP、郡醫療援助等「經濟狀況調查」方案的使用情況。另有四分之一的變數是衡量那些家庭與青少年緩刑及CYF的互動——這些系統都過於專注在窮人與勞工階層社區，尤其是有色人種社區。少年司法系統和成人刑事司法系統一樣，面臨許多種族與階級不平等的問題[14]。家庭與CYF的互動，深受社會階層的影響：相較於窮人或勞工家庭，中產階級家庭享有較多的隱私，互動的授權檢舉者較少，育兒方式也獲得較多的文化認同[15]。

美國絕大多數的兒福調查案件是涉及兒童忽視，而不是虐待。根據美國衛生及公共服務部（U.S. Department of Health and Human Services）兒童與家庭管理局（Administration for Children and Families）的資料，二〇一五年兒福調查案件中的三百四十萬名兒童裡，百分之七十五的兒童是因為遭到忽視而受到調查，僅百分之二十五的兒童是因身心受虐或性虐待而受到調查[16]。

定義兒童忽視比定義身體虐待或性虐待需要更主觀的判斷。東自由（East Liberty，匹茲堡一個黑人居多的社區）家庭援助中心的湯雅．漢金斯（Tanya Hankins）說：「忽視的範圍非常廣泛。我遇過一種情況：兩人爭吵，媽媽衝出家門，把嬰兒留在屋內，有人就打電話向CYF檢舉了。我也遇過一個媽媽，CYF去她家敲門時，她沒應門，因為她嚇壞了。結果CYF因為看不到嬰兒，就要求把嬰兒帶走。」

幾乎所有「忽視兒童」的指標，也是貧困的指標：缺乏食物、住房不足、無證托兒、交通不安全、缺水斷電、無家可歸、缺乏醫療。少年法庭專案（Juvenile Court Project）主任凱薩琳．沃波尼（Catherine Volponi）指出：「絕大多數的案件是兒童忽視，那是因為他們住在貧困、不安全的社區。」少年法庭專案專為面臨CYF調查或扶養權恐遭終止的父母，提供無償的法律支援。「我們遇過有住房問題的人、醫療照護不足的人，吸毒與酗酒的人，基本上這些都是貧困問題。事實上，CYF調查的多數兒童並沒有遭到身體虐待或性虐待。」

接受兒福服務不需要接受經濟狀況調查；也就是說，低收入不是接受兒福服務的必要條件。CYF可為父母提供許多實用的資源。例如，新手媽媽需要暫時抽離嬰兒一個小時，以便洗衣服；幼兒教育、發展活動，甚至上門幫忙做家務的幫手。中產階級家庭是依賴私人資源取得家庭援助，所以他們與專業人士的互動不會被記錄下來，也不會在資料庫中顯現。

試想，如果阿勒格尼郡提議把保姆、嬰兒看護、私人治療師、匿名戒酒會（Alcoholics Anonymous）、高級勒戒中心的資料納入系統，以預測富裕家庭的虐童狀況，那情況應該會很有趣。道爾頓說：「我們真的希望能獲得私人保險資料，我們很想掌握那些資料。」不過，她也承認，獲取私人資料基本上是不可能的，中產階級才不會容忍這種侵犯隱私的資料收集。

有能力的家庭，會盡量避免接觸CYF，因為CYF混合了兩種截然不同又相互矛盾的角色：提供家庭援助及調查虐待事件。你接受資源，就表示你認同CYF有權把你的孩子帶走。這是一種侵犯隱私又可怕的取捨，家長如有其他的選擇，不可能會選擇這種交換條件。貧困與勞工家庭為了獲得保護孩子安全所需的資源與服務，被迫犧牲隱私權，交出免受不合理搜查的權利，並放棄正當程序。

貧困確實對兒童有害，也對父母有害。但是，只看那些使用公共資源的家庭的資料，AFST不公平地鎖定窮人作為兒福審查的目標。道爾頓說：「我們的抽樣確實過於偏重窮人，我們的所有資料系統都有偏見，但我們依然認為這些資料有助於保護兒童。」

我們可以稱這種情況為「貧困定性」（poverty profiling）。就像「種族定性」＊（racial profiling），貧困定性不是根據行為來鎖定個人做額外的審查，而是根據個人特徵：生活貧困。這種模式把「窮人的育兒方式」和「不良的育兒方式」混為一談。AFST認為申請公共服務的父母對孩子是有風險的。

■ ■ ■ ■ ■

二〇一六年九月某個溫暖的秋日，我與珍寧坐在威金斯堡（Wilkinsburg）一家CVS連鎖藥妝店後方的公車候車亭內。威金斯堡是匹茲堡以東的自治市鎮，一直以來主要是中產階級聚居的郊區，過去五十年間因霍姆斯特德鋼鐵廠關閉，流失了約一半的人口。那天，肯德基發送一萬份免費餐點以慶祝「愛心日」（Day of Giving），珍寧與朋友把握那個機會到現場說服大家去註冊投票。珍寧四十幾歲，穿著白色背心，戴著「沉著基金會」（Poise Foundation）的黑色塑膠手環，那是「致力打造永續黑人社區及強化黑人家庭」的黑人社區基金會。

＊警察因膚色或種族而懷疑人犯罪。

珍寧因寄養系統而失去孩子，如今卻在一個由 CYF 資助的組織擔任志工，這讓我非常驚訝。但珍寧坦承，十幾年前，她確實需要有人幫她養育兒子傑若米。當時她沒有穩定的住處，連去上班的交通都搞不定，還有健康問題。傑若米開始翹課、搞失蹤，後來有人打電話去電話中心檢舉她。

從珍寧的角度來看，接受兒福機構的援助需要做出痛苦的選擇。她說，社工接到她兒子翹課的檢舉電話後便展開調查，但是在她獲得任何服務之前，調查就結束了。最後，社福機構要求她放棄兒子的撫養權，才能獲得她照顧兒子所需的基本物資。她解釋：「他們沒有給我幫助，而是說：『把傑若米送到寄養家庭，我們就會幫妳。』你不得不把孩子交出去。」於是，她的兒子就被送去寄養了，她也獲得了幫助，找到穩定的住房與醫療服務。雖然現在她仍與兒子保持聯繫（現年二十二歲，已上大學），但她從未拿回監護權。

不過，如果她覺得有人對孩童有風險，她也會毫不猶豫地打電話去檢舉虐童與忽視。她解釋：「這樣做不是狠毒。你只是需要明白，萬一發生什麼事，你不想懊悔自責：『為什麼當初不打電話？你應該打去檢舉的！』檢舉不是壞事，而是為了保護孩子。有兩件事是無庸置疑的：我是一個母親，我愛所有的孩子。」

我們坐在候車亭的長椅上聊天時，年近三十、頂著一頭深色頭髮的白人女子莎拉也主動加入我們，分享她的故事。莎拉的女兒送去寄養七年後，她努力拿回了撫養權，現在她自己撫養女兒。她說，那天是她那週唯一的休息日。為了符合CYF的要求，她必須四處奔波去會見各個機構。她也認為，能夠獲得機構的支援很棒，但機構的服務往往感覺比較像阻礙，而不是福利。身為單親媽媽，負擔已經夠重了，社服機構的要求讓她更加沮喪。她說：「沒加入那個系統的人是不會明白的，他們不會知道那是什麼感覺。每週都有毒品與酒精檢查人員來我家做藥物與酒精篩檢，每三個月我必須去一次法院。我必須去接受心理治療，也必須送孩子去接受心理治療。」

莎拉、珍寧、安琪與派翠克尋求協助的每個機構，都有授權檢舉者。二〇一五年發生傑瑞．桑達斯基（Jerry Sandusky）的醜聞後（這位前賓州州立大學的美式足球教練因猥褻十名男孩而被判刑三十至六十年），賓州降低了虐童的標準。該州還設立十五種授權檢舉者，包括醫療人員、學校雇員、志工、神職人員、圖書館員。法律規定，授權檢舉者必須通報任何疑似忽視或虐童的行為，無論是直接得知或間接耳聞。授權檢舉者不必說明他們是如何得知虐待或忽視指控的，也不會遭到法律起訴。即使他們違反了心理健康或醫療保密的規定，也會受到保護。事實上，如果他們不檢舉疑似虐童或忽視的行為，反而可能遭到起訴、罰款，甚至坐牢。法律改變那年，檢舉虐童與忽視的電話數增加了百分之四十。

最有可能為貧困的父母提供幫助與支援的人都是授權檢舉者，例如教師、醫護人員、精神科醫生與治療師、托兒服務者、牧師、課後輔導志工和社服機構的員工。這種侵犯隱私的審查為家長帶來很大的壓力；如果不符合社服機構的期望，家長也會付出很大的代價。對生活已經非常艱辛的家長來說，往往不堪負荷。

令莎拉困惑不解的是，很多社工似乎不明白為什麼母親會對他們發脾氣：「他們會說：『妳為什麼那麼生氣？』因為我覺得你們來這裡很煩！別管我，我希望你們離開。」我把我的名片遞給她，珍寧請她到家庭支持中心尋求協助。接著，莎拉瞥見她的公車來了，匆匆趕往下一個赴約地點。

■ ■ ■ ■ ■

如果對虐童與忽視的調查是一種良性行為，AFST即使預測不完美，也沒什麼大不了的。如果虐童與忽視的調查免不了促成相關單位為那些家庭提供足夠、文化上合適、非懲罰性的資源，那麼這個系統過度鎖定窮人與勞工階層也無關緊要。但CYF提供資源的同時，也增加對這些家庭的監控，並提出日益嚴格的行為要求。對許多人來說，虐童與忽略兒童的調查是侵犯隱私又嚇人的活動，會產生持久的負面影響。

獲得CYF幫助的代價可能很高。珍寧認為，在獲得援助之前，必須先「把孩子送去」寄養家庭。莎拉的生活排滿了各種約定，她必須去見那些幫助她的專業人士，並表現出服從的樣子。派翠克被指控醫療忽視二十年後，他仍記得自己遭到監督、追蹤和評判的感覺。「他們到你家四處張望，觀察你的一舉一動。」他解釋，「彷彿把我放在顯微鏡底下觀察似的。每次家裡有孩子生病，我都必須帶他們去掛急診。你一踏進急診室，似乎每一雙眼睛都盯著你說：『嘿，就是他，我們常去他家檢查。』有很長一段時間，我都有那種感覺。」

阿勒格尼郡的許多貧困與勞工階級的家長，對於公共服務部的資料庫和其他改變縮小了資源落差，以及疏解了申請多種服務的繁瑣流程，覺得很感恩。但也有一些人認為，他們一旦進入「系統」，微觀審查會使他們養育子女的代價大增，他們注定是輸家。珍寧說：「我們盡力遵守規定，但無法完全做到。你為我敞開一扇門，我卻必須去完成另外十件事，根本沒完沒了。」

窮人養育子女，不得不把養育方式攤在大家面前。賓州的兒童安全目標是「沒有立即的身體或情感傷害」，即使對資源充足的家庭來說，那也很難達到。這個流程的每個階段都可能導入主觀、偏見和運氣。少年法庭專案主任沃波尼說：「你永遠不知道會發生什麼。例如，有人檢舉某某人把孩子單獨留在家中。於是，他們開始調查那個孩子的母親，母親承認吸食大麻。現在你站在法官面前，法官可能認為大麻是通往地獄的大門。門一旦打開，我們原本不在意的一些事情突然變成一發不可收拾的大問題。」

在每個虐童或忽視兒童的調查尾聲，CYF的社工會與那個家庭討論一份書面安全計畫，並找出必須遵循的近期措施與長期目標。但每項安全行動也是一項合規要求，家長的因應方式會受到嚴格監控。有時家長無法控制的一些因素，導致他們難以落實計畫；為CYF援助那些家庭的服務承包商未能履約；公共交通工具不可靠；負荷過重的社工不見得能安排他們承諾提供的資源；有時家長會抵制CYF的要求，憎恨政府干涉他們的家庭。

無法達到安全目標，將增加孩子被帶走的可能性。沃波尼說：「我們不希望那些CYF援助的家庭回到他們以前的生活狀態。我們提高了他們養育子女的標準，卻沒有足夠的資源讓他們維持那個標準，最後往往一敗塗地。」

■ ■ ■ ■ ■

一份可信的虐童或忽視檢舉，可能對家長的生活產生深遠的影響，而且長達數十年之久。賓州那些需要與兒童互動的工作及志工任務，大多要求申請者提交無虐童證明。如果申請者被該州的 ChildLine 虐童登記系統列為虐童者或忽視兒童者，他就不能申請與兒童共處的工作。如果他已經有一份與兒童共處的工作，他會因此失去那份工作。他不能當女童軍隊的團長，不能當壘球教練，也不能在自己孩子的學校裡當志工。

匹茲堡的律師亞曼達．格林．霍金斯（Amanda Green Hawkins）曾在二〇〇五年為 CYF 記錄刪除案件提供無償辯護，她指出：「只要你被登記在 ChildLine 系統，你就必須改變養家糊口的方式。」虐童記錄「可能讓你在很多領域都找不到工作——任何與孩子有關的領域。你再也不能當老師，不能當專案經理……不能加入男孩與女孩的社團。那些人想要恢復生活，可能非常棘手」。

那些遭到 CYF 調查、經過家事法庭審判、被判有虐童罪的父母會收到通知，說他們已經被列入 ChildLine 虐童登記系統。他們可以在九十天內要求行政審查，以修改或刪除那些記錄。在審判中，郡府會出示虐待或忽視的證據，家長則提出反駁。貧困家庭挑戰兒福制度時，有時他們會贏，但是敢和 CYF 對簿公堂的家長不多。

杜肯大學（Duquesne University）法學院公益專案協調員兼律師崔西．麥肯茲．路易斯（Tracey McCants Lewis）告訴我，她從未經手要求 CYF 刪除記錄的案子，部分原因在於那「遠比消除刑事記錄的流程還要廣泛」。霍金斯也認為那種挑戰極其罕見，她說：「要求刪除CYF的記錄非常困難，你是在對抗政府，那就像大衛迎戰歌利亞巨人。」雖然阿勒格尼郡有一個非營利組織可代表父母為兒童保護問題上法院，但是對於那些想刪除記錄的人，該郡並沒有公設辯護律師。他們必須找到願意無償接案的律師，否則就只能自己辯護。如果成立的裁決沒有及時刪除，家長的記錄會一直留在該州的虐童登記系統中，直到那個孩子滿二十三歲才消除。

記錄刪除程序只適用於那些因嚴重虐待或忽視而被檢舉至賓州ChildLine虐待登記系統的人。至於那些涉及「不嚴重的傷害或忽視」的指控，則是轉到一般保護服務（GPS）。GPS資料無限期保存在阿勒格尼郡的DHS資料庫中。所以，與哈麗葉有關的多次檢舉會怎樣呢（哈麗葉是安琪那個精力充沛但多數情況下還算聽話的女兒）？那些記錄是無法刪除的，即便那些檢舉顯然是騷擾電話。將來哈麗葉成為母親後，她的AFST分數一開始就比較高，因為她小時候曾與兒保系統互動過。那可能是因為系統覺得她有一個糟糕的母親，所以在養育子女方面沒有榜樣，郡政府需要關注她。沒有人會知道她家門前的人行道邊有粉筆畫下的停止標誌，她們母女在客廳地板上玩的詞彙遊戲，或安琪看著女兒時，眼中閃耀的自豪神情。

切爾納與道爾頓認為，如果允許父母刪除那些電話檢舉記錄（無論檢舉是不是誣告），可能會剝奪CYF辨識及防止虐童所需的關鍵資料。切爾納說：「那些東西會一直留在系統裡，很多時候無風不起浪，事出必有因。」道爾頓也附和：「我個人支持補救的概念，但剔除那些可能預測虐待與忽視的資料，就像剝奪我們用來防止未來虐童案的最大工具。」

霍金斯認為，資料的潛在預測力不該凌駕家長的憲法保障權，她說：「每個人都有權獲得正當程序的保護，那個流程將決定CYF能不能把一個人被檢舉的記錄保留在系統中一輩子。難道任何人都不該享有對這件事情採取行動的正當程序嗎？那是違憲的，太慘了。」

■ ■ ■ ■ ■

切爾納與團隊希望AFST能提供更好、更及時的資訊，以協助CYF鎖定最需要幫助的家庭。他們覺得資料收集沒什麼缺點，因為他們認為CYF的作用主要是援助，而不是懲罰。切爾納與道爾頓向我解釋，即使一個家庭被挑選出來調查，他們大多會因此獲得服務，而不是導致孩子被帶走。然而，一個家庭一旦與CYF有互動，如此衍生的社會恥辱是難以磨滅的，而且CYF對隱私的侵犯又很嚴重。

養育子女的方式持續受到監管、追蹤與糾正，可能讓父母覺得自己遭到鎖定，做起事來綁手綁腳。匹茲堡新聲音（New Voices Pittsburgh）資深營運經理卡門·亞歷山大（Carmen Alexander）說：「這裡很多女人的孩子被強行帶走了。」匹茲堡新聲音是一個致力保障黑人婦女與女孩福祉的基層組織，「感覺好像妳連在孩子身邊打錯噴嚏都不行，妳必須保持靜默，這促成一種不信任的文化。」

CYF啟動調查時，父母只有兩種選擇：冒著失去孩子的風險，抗拒CYF的指令；或者，完全服從CYF的權威。丹佛大學社會學家珍妮佛．萊許（Jennifer Reich）的研究顯示，許多兒福機構的社工像警察，把反抗視為心裡有鬼的徵兆。派特讓我看的「風險／嚴重度量表」證實了她的說法。如果家長「適切地回應CYF的要求」，「承認問題」，「主動聯繫社工以尋求額外的服務」，這種家長對孩子的風險很小。如果家長「積極抗拒任何機構的接觸或介入……不讓調查進行」或「否認問題」，這種家長對孩子的風險很大。但是被誣控虐童或忽視的母親，可能會抗拒機構的接觸與介入。為孩子而戰的人也可能對抗CYF。

少年法庭專案主任沃波尼說：「廣義分類的話，有兩種類型的人會來找我。一種是走進來就當著我的面大吼大叫，說我也是問題的一部分。另一種是抱著再度來忍受欺凌的姿態前來。我寧可遇到前者，因為他們還願意對抗，這些人是最終會獲勝的人。」

中產階級家庭隨時都在尋求外部支援，包括治療師、私人的戒酒戒癮服務、保姆、課後輔導、夏令營、家教、家庭醫生。由於這些都是自掏腰包的支出，那些求助資訊最終不會進入阿勒格尼郡的資料庫。同樣尋求支援的貧困家庭與勞工家庭，因為是尋求公共資源，所以被貼上對孩子有風險的標籤，儘管CYF認為尋求資源是父母的一種正面特質[17]。匹茲堡民權律師兼杜肯大學的法學教授蒂芬妮・賽斯莫・湯普森（Tiffany Sizemore Thompson）問道：「如果一個母親曾獲得該郡的心理健康服務，或戒毒戒酒服務，為什麼那對她不利？那難道不是表示她其實是個負責的人，她主動尋求必要的協助嗎？」

■ ■ ■ ■ ■

接觸過CYF的家庭也承認真人決策不可靠。他們非常清楚，那些決定誰要被調查、誰獲得什麼服務、哪些孩子將被帶走、寄養的兒童多快能與原生家庭團聚的電話篩檢員、社工、行政人員、法官，都有一些可能影響其工作的偏見。然而，他們寧可讓決策不完美的真人來決定他們的命運，也不想讓完美的電腦來決定。在威金斯堡的肯德基對面幫忙宣傳選民註冊投票的潘蜜拉・西蒙斯（Pamela Simmons）說：「你可以告訴那些人，你想獲得怎樣的對待。他們雖然有成見，但有時你可以改變他們的觀點。你有機會改變人的想法，但你無法修改數字。」

打從兒福領域出現以來，人為偏見一直是個問題。早期，查爾斯．洛林．布雷斯（Charles Loring Brace）＊的孤兒列車帶走許多天主教的孩童，信仰少數宗教的人需要另外創立一個類似的兒福組織系統。科學慈善運動的工作者通常有宗教偏見，那些偏見扭曲了他們的決策。他們認為新教徒的孩子可以獲得寄養家庭的救贖，但天主教徒無可救藥，應該送到中西部的農場去勞動（那些農場大多是新教徒的農場）。如今，兒福決策中的種族比例失衡現象，拆散了太多的美國黑人與原住民家庭。那種比例失衡可以追溯到兒福決策中的人為判斷。

但是人為偏見也是預測風險模型的內建特徵。

結果變數是兒童傷害的替代指標；它們不是反映實際的忽視與虐待。替代指標變數的選擇，甚至連「要不是使用替代指標」這個決定，都反映了人為判斷。

預測變數是取自有限的資料，那些資料只包括使用公共資源的資訊。決定採用這種有限資料，就反映了模型中內建的人為判斷，也等於是假設「中產階級家庭比貧困家庭值得享有更多的隱私權」。

這個模型的驗證資料是社工、調查人員、法官的決策記錄，這些決策都帶有各種人性的痕跡。

一旦按下藍色大按鈕，AFST就開始運作，它顯示上千個我們看不見的人為選擇，但表面上是打著實證客觀及絕對正確的幌子。案件篩查員有各種不同的人生閱歷，有人是從賓州州立大學研究所畢業的郊區白人，也有像派特那樣有十多年經驗的匹茲堡當地黑人。預測模型的自動裁量權反映了少數人的裁量權，人為判斷則是反映多數人的裁量權。人為判斷確實有缺陷、也容易出錯，但也是可以修復的。

阿勒格尼郡的家長幫我闡明了一個概念，那個概念的雛形從我開始研究以來，就一直在我的腦中盤旋。在印第安納、洛杉磯、阿勒格尼郡，技術專家與行政人員向我解釋，公共服務使用的高科技新工具增加了透明度，減少了歧視。他們聲稱，如果不使用大數據來找出福利社工、無家可歸者服務供應商或案件篩查員的決策型態，我們不可能知道他們腦中在想什麼。

這是把人類視為不可知的黑盒子，把機器視為透明的機制，但我覺得這種想法令人不安。我認為，這種觀念似乎放棄了同理心，也排除了道德發展的可能性。認為人類決策不透明且不可知，那等於是承認我們已經放棄了「我們會努力相互瞭解」這個社會承諾。阿勒格尼郡的窮人與勞工階級想要更多，也有權利獲得更多：他們希望大

＊被視為現代寄養運動之父。他在一八五三年成立美國第一個收容所，為孤兒們提供食宿與基礎教育。由於收容機構供不應求，有人建議把兒童送到農村收養，於是孤兒列車的想法就出現了。從一八五五至一九二九年，這類孤兒列車運送了超過二十五萬人，分別送往美國四十五個州、加拿大和墨西哥。

家把他們當人看，瞭解他們的背景脈絡，他們想要交流與社群歸屬感。

「電腦只會處理人輸入的東西。」珍寧說，「我比較相信社工……你可以跟他說：『你沒看見更大的問題嗎？』」

■ ■ ■ ■ ■

AFST就像印第安納州的自動化資格認證系統，把使用公共資源視為一種軟弱、匱乏、甚至邪惡的象徵。一直以來，切爾納努力在CYF打造一種重視優點、開放的社群交流、同儕互助的文化。遺憾的是，他授權打造的自動化工具，卻把使用公共服務的父母當成危及孩子的風險。

鎖定「高風險」家庭可能導致他們抽離那些提供服務、援助、社群的網絡。美國疾病管制中心（US Centers for Disease Control）暴力防制部門（Division of Violence Prevention）的資料顯示，導致虐待與忽視兒童的最大風險因素，包括社會孤立、物質匱乏和育兒壓力——當父母感覺自己一直受到監視、失去需要的資源、蒙受恥辱或不敢主動向公共服務機構求助時，這些風險因素都會增加。諷刺又可怕的是，AFST想要預防虐童與忽視，但系統反而產生適得其反的效果。

即使預測模型產生了它想衡量的結果，我們也很難說它是有效的。AFST評為高風險的家庭，將比其他家庭受到更多的審查。ＡＦＳＴ評分以前，普通的行為可能不會引起任何關注，但ＡＦＳＴ評分以後，那些行為卻變成決定調查那個家庭的確認依據。一個家長上週被鄰居看到有兒童保護機構的人員到他家，現在他更有可能被人打電話檢舉了。有些家長因為風險分數較高，遭到更嚴格的對待，他們必須符合更多機構的期望，並面臨更嚴厲的判斷。如果她失去孩子，風險模型還可以宣稱它又做了一次成功的預測。

■ ■ ■ ■ ■

ＡＦＳＴ於二〇一六年八月一日上線，我是在它上線三個半月後造訪派特的。該模型上線後的最初九個月，案件篩檢中心接到七千多通電話。二〇一七年五月，資料分析、研究與評估處（Office of Data Analysis, Research and Evaluation，DARE）發布的資料顯示，使用ＡＦＳＴ的案件篩檢員決定列入調查清單的通報案件，比前一年尚未使用預測模型時，稍微多了一些（百分之六）。然而，此後被調查及證實的案件則是暴增了近四分之一（百分之二十二）。平均而言，ＡＦＳＴ得分較高的通報案例，更有可能得到證實：ＡＦＳＴ得分在十六到二十分之間的檢舉電話占百分之四十八，十一到十五分之間的檢舉電話占百分之四十三，六到十分之間的檢舉電話占百分之四十二，一到五分之間的檢舉電話占百分之二十八。DARE的初步分析得出以下結論：案件篩檢員（使用AFST）評分較高的轉介案子，後來被兒福調查員證實並因此獲得兒福服務的機率較高。由於只有案件篩檢員能看到AFST分數，兒福調查員看不到，DARE認為這些早期結果「也許證實了該工具找出真正的風險差異」。

但是更仔細觀察資料的話，會發現一些令人不安的細節。AFST評分超過二十分的案件有三百三十三個，這些案子因分數超過二十，啟動了強制調查，其中有九十四件（百分之二十八）被案件篩檢主管推翻或排除。剩下約一半的強制調查（百分之五十一）獲得證實。換句話說，僅百分之三十七啟動強制調查的案件是有用的。此外，還有其他不一致的情況。案件篩檢員檢查得分二十的案件時，決定列入調查清單的件數，與得分十二列入調查清單的件數一樣。得分九的案件後來調查證實的件數，跟得分十九後來調查證實的件數差不多。列入調查清單的件數沒有太大變化，但是被證實的調查件數卻增加了——由此可見AFST只是在模擬該機構本身的決策罷了。

我造訪案件篩檢電話中心幾天後，二〇一六年十一月二十九日，維蒂亞娜森的團隊對AFST做了一項重大的資料修改。AFST啟動後，最初的幾個月裡，有百分之二十被檢舉的家庭沒有被計算分數。道爾頓說：「如果一個家庭裡，只有父母曾接受過公共服務，我們不會給那種家庭打分數。最脆弱的孩子往往年紀很小，嬰兒沒有參與社會服務專案的歷史。有的嬰兒可能爸爸是連續殺人犯，AFST不會給這些嬰兒打分數。」更新過的模型現在是評估整個家族（包括情人、叔伯、表親、祖母、室友及每個同住的孩子），而且AFST的評分是根據得分最高的孩子，即使那個孩子不是檢舉者所通報的對象。現在AFST為檢舉中心接到的百分之九十以上家庭打分數，結果出現更多十八分以上的案子。

在許多方面，AFST是兒福預測風險建模的最佳案例。這個工具的設計不僅開放讓外界參與，也是透明的。其他地區的兒福預測系統是由民營公司設計與實施，很少讓大眾參與或討論。阿勒格尼郡在實施這個系統時，一直都很謹慎緩慢。AFST的目標是刻意有限且適度的。這個工具的目的是為了輔助人為決策，而不是取代人為決策。

然而，阿勒格尼郡預測虐童的實驗，仍值得我們從懷疑的角度觀看。它是全美國兒福演算法實驗的早期參與者：類似的系統最近也在佛羅里達、洛杉磯、紐約、奧克拉荷馬和俄勒岡實施。

本書出版之際，切爾納和道爾頓仍持續進行資料分析實驗。AFST的下一代模型將會採用機器學習，而不是傳統的統計建模。她們也計畫推出第二種預測模型，一種完全不依賴電話檢舉的模型。二〇一七年九月，道爾頓寫一封電子郵件給我，她說那個計畫中的新模型「會對阿勒格尼郡前一天或前一週以前出生的所有嬰兒，每天或每週都執行一次系統」。依靠大眾打電話來檢舉的模型，無法完全揪出所有可能的施虐者和忽視者；新的出生模型比較精確。但道爾頓堅稱，首要目標不是使用更精確的模型，她寫道：「我們考慮改用新模型，不是因為它更準確，而是因為我們可能防止虐待與忽視。」

然而，用一種模型來對那些使用郡資源的家庭所生的每個孩子做風險評級，也引發了令人煩惱的問題：那些結果會被拿去做什麼應用。道爾頓說：「我們有『家訪熱線』及『家訪服務』。如果我們資源有限，是否應該優先考慮讓高風險的人獲得那些服務？我覺得那樣做是合乎道德的，社區可能也會接受。更進一步的話，假設有人走進家庭支援中心尋求服務，你要不要在系統上給他一個標示，那個標示不見得表示他是高風險，而是寫『真心想要獲得服務，讓他持續獲得服務』之類的？」切爾納堅稱，CYF「不會去敲你的門，對你說：『你有很高的虐童風險。』」，但這正是其他風險模型的使用方式，例如為芝加哥警局產生暴力犯罪「熱點清單」的演算法就是如此。

切爾納的團隊希望早點找出那些需要援助的家庭，因為提早干預的效果最好。但社區的成員懷疑，那些出於好意所收集的資料，以後可能被拿來對付他們。兒童發展處的莫維說：「大家擔心，未來切爾納和道爾頓都離職後會變成怎樣。」DHS召開了一系列會議，向當地機構、資助者、社區的成員介紹預測模型。莫維解釋，在那些會議上，有人說：「道爾頓，我們信任妳。切爾納，我們也信任你。但你們走了以後，會發生什麼？」

在某些情況下──諸如財政緊縮、州長想縮編公共機構，或發生連串的兒童死亡事件──AFST很容易變成自動把兒童帶離家庭的機器，甚至不需要重新設計模型的程式。今天，如果一個家庭的風險得分超過二十分，CYF就必須展開調查。未來，二十分可能會啟動把孩子帶離原生家庭的緊急措施，或者十分、甚至五分就會啟動。

我問AFST的設計者維蒂亞娜森，是否擔心模型被濫用，她給了我一個假設的解決方案。「我們能做的一點，有寫在合約裡：『如果我們發現系統遭到不道德的使用，我們有權發表意見。』」但是，如果你覺得學者公開反對其研究的使用方式，對公共政策或機構實務可產生重大影響的話，那就想得太天真了。

如果鄰居或急診室的護士再次打電話去檢舉安琪和派翠克一家，他們的AFST得分無疑會增加。這個家庭中有一個六歲的孩子，有多位看護者。雖然他們是一個關係緊密的家庭，但不是每個人都有血親關係。這一家人有長期接受公共援助的歷史，安琪正在看諮詢師，服用創傷後壓力症候群（PTSD）的藥物。他們與CYF互動幾十年了，雖然最近九年他們與CYF的關係主要是去做志工服務，以及安琪主動去尋求育兒、臨時幫助和臨時看護等課程。

採訪接近尾聲時，安琪想到她面臨的雙重困境，有感而發：「我知道我不是唯一和CYF有正面互動的人。我主動去找他們說：『我需要你們的幫助。』但我確實因為我女兒而與他們互動了一陣子，也使用了郡服務方案。AFST會因此給我很高的風險評分，把我當成需要密切關注的對象。」

派翠克與安琪一直活在恐懼中，擔心他們家再次遭到檢舉，也擔心AFST鎖定他們的女兒或孫女來調查，並有可能把他們強制送到寄養家庭。「我女兒現在九歲了，」安琪說，「我依然擔心有一天他們會上門來，看到她獨自一個人在外頭，就帶著她來對我說：『妳不能再養育她了。』」

■ ■ ■ ■ ■

5

數位濟貧院

二〇一七年四月，一個溫暖的春日，我徒步到公立圖書館，去找洛杉磯郡立濟貧院的照片（如今名為「朋友牧場」（Rancho Los Amigos））。途中，行經第五街與南大街（South Grand）的交叉口時，我看到一位黑人大叔，他戴著粉紅色的球帽，穿著髒汙的連帽衫，站在人行道上，伸出雙手揮舞著，痛苦地轉動著身子，彷彿遭到強風吹拂似的。他正在慟哭，一種高亢但出奇輕柔的聲音，介於歌唱與抽泣之間，沒有任何言語。數十人從他的身邊若無其事地經過，有白人、黑人、拉美裔、遊客、在地人、富人和窮人。每個人經過他搖擺的身子時，都看往別處，嘴角緊閉，沒人停下來問他是否需要幫忙。

在美國，貧富比肩並存，這種對比在洛杉磯的市中心特別鮮明。那裡的都市專業人士每天喝著拿鐵，滑著智慧型手機，窮人也在近在咫尺的地方生活。不過，在美國的每個都市與鄉鎮裡，生活困苦的人與生活無虞的人之間都有一道無形的隔膜。我在印第安納州的蒙夕、賓州的芒霍爾都看到了這道隔膜，在我的家鄉也看到了。

美國的窮人並非隱於無形，我們都看得見他們，只是把目光移開了。

這種視而不見的鴕鳥心態是根深柢固的，這也是解釋美國一個基本事實的唯一方法：在全球最大的經濟體中，多數人都會經歷貧窮。馬克·蘭克（Mark Rank）做過一份開創性的生命歷程研究，他的研究顯示，百分之五十一的美國人在二十歲到六十五歲之間，至少有一年是生活在貧窮線以下。他們之中有三分之二會尋求社福救助，例如TANF、一般救助（General Assistance）、社會安全生活補助金（Supplemental Security Income）、住房補助、SNAP或聯邦醫療補助❶。然而，我們仍假裝貧窮是一種令人費解的反常現象，只發生在極少數的病態人士身上。

在美國，我們與貧窮的關係一直帶有一種特質：社會學家史丹利・科恩（Stanley Cohen）稱之為「文化否認」（cultural denial）。文化否認使我們知道殘忍、歧視、壓迫等現象，但從不公開承認它們的存在。這是我們瞭解哪些事情不要去觸碰的方法。文化否認不單只是一種個人的個性或心理屬性，也是一個由學校、政府、宗教、媒體、其他制度所塑造及支持的一種社會過程。

我們在洛杉磯公立圖書館附近經過那位痛苦的大叔時，沒問他是否需要幫忙，因為我們都覺得自己幫不上忙。我們與一個人擦身而過，卻避免目光交流，這表示我們心知肚明：不要交流比較保險。我們不願相視，是因為我們正在進行一種「視而不見」的文化儀式，有意無意地放棄我們對彼此的責任。我們感到內疚，是因為感受到痛苦卻無動於衷。這就是否認貧窮對我們這個國家所造成的影響。我們不僅避開街角那個人，也避開彼此。

否認令人疲憊，而且代價高昂。明明看見了，卻要裝成視而不見，那是一種認知衝突。長時間忍受這種認知衝突是很累人的。那扭曲了我們的地貌，當我們打造基礎設施時（例如郊區、高速公路、私立學校、監獄等），那導致中產階級積極地避免跟窮人與勞工階級生活在一起。那也削弱了我們身為政治共同體的社會紐帶。無法直視他人的人，會覺得集體治理很難。

在美國，我們是以定義貧窮的方式來積極否認貧窮的存在。我們在某個時刻任意決定一個收入數字，然後定義收入低於那個數字就算是貧窮。官方定義的貧窮線，讓貧窮看起來像一種令人遺憾的反常現象，可以用糟糕的決定、個人行為、文化病理等原因來解釋。但實際上，許多人是反覆經歷暫時性的貧窮狀態。他們的背景五花八門，行為舉止也近乎無限多元。

我們的公共政策習慣指責貧窮，而不是補救貧窮的負面影響或消除貧窮的根源。這種對「個人責任」的痴迷，使我們的社會安全網只願救助那些道德上無可指摘的人。誠如二〇一七年政治理論家雅莎．蒙克（Yascha Mounk）在著作《責任時代》（*The Age Of Responsibility*）中所說的，我們龐大又昂貴的公共服務官僚體系的主要職能，是調查個人的苦難是不是他們的自身過錯造成的。

媒體與政治評論員都否認貧窮。他們把窮人描繪成病態地依賴社會的少數群體，而且對中產階級的社會構成了威脅。無論是保守派還是自由派都這樣想：右派往往譴責窮人是寄生蟲，左派則以高高在上的姿態，對於窮人無法自立自強感到絕望。把窮人與貧困社區塑造成毫無希望或毫無價值的樣子，是一種極其偏狹、片面的想法。那導致多數人輕描淡寫或否認貧窮，連那些親身經歷過貧窮的人也是如此。

我們習慣否認貧窮，只有在窮人與勞工階級進行破壞性抗爭、發起草根運動以直接挑戰現狀時，才會承認貧窮的存在。誠如弗朗西絲．福克斯．派文（Frances Fox Piven）與理查．克拉渥德（Richard Cloward）在經典著作《窮人運動》（*Poor Peoples Movements*）與《規範窮人》（*Regulating the Poor*）中所說的，當窮人為權利及生存而群起抗爭時，他們才會獲勝。但管理貧窮的機制——濟貧院、科學慈善運動、公共福利制度等等——有驚人的調適力與持久性。儘管管理貧窮的機制隨著時間經過不斷地改變型態，但它們對窮人的分隔、限制、監管和懲罰始終都在，從未消失。

例如，一八七七年鐵路大罷工不僅突顯出窮人的苦難，也突顯出他們強大的政治力量。窮人與勞工階級的激進行動嚇壞了菁英階層，迫使菁英階層做出大幅的讓步：回歸以發放現金與物資為主的濟貧方式，不再強制收容。但不久，科學慈善運動就取而代之，只是方式改變了——科學化的社福個案調查專注在調查與監管，而不是把窮人關在類似監獄的地方，但結果是一樣的。成千上萬人得不到公共資源，家庭遭到拆散，窮人生活受到審查與管制，陷入險境。

這個模式在經濟大蕭條時期重現，在一九七〇年代反對福利權運動時又再次出現。現在，這種事情又發生了。

簡言之，當美國的窮人與勞工階級變成一股政治力量時，救濟機構及它們的管制技術就會變得更利於文化否認，並把強迫窮人順從的方式加以合理化。救濟機構不僅破壞了窮人與勞工階級的集體力量，也讓其他人變得漠不關心。

■ ■ ■ ■ ■

當我們談論那些在民眾與公共機構之間運作的技術時，我們比較關注它們的創新，以及它們突破傳統的方式。支持者稱這種技術為「顛覆力」，說它們顛覆了老舊的權力關係，創造出更透明、更迅速回應、更有效率，甚至本質上更民主的政府。

這種對新事物的過分關注，使我們忽視了數位工具嵌入舊有權力與特權體系的方式。雖然印第安納州的自動化資格認證系統、洛杉磯的協調入住系統、阿勒格尼郡的風險預測模型都走在技術尖端，但它們也是根深柢固、令人不安的歷史的一部分。濟貧院這種美國制度，比憲法還早出現一百二十五年。如果你以為一個統計模型或排名演算法就能神奇地顛覆幾個世紀以來建立的文化、政策、制度，那只是幻想罷了。

就像以磚瓦蓋成的實體濟貧院，數位濟貧院也在隔離窮人，讓他們得不到公共資源。就像科學慈善運動，數位濟貧院也會調查窮人、加以分類，把窮人當罪犯看待。就像反對福利權期間所出現的工具，數位濟貧院使用整合的資料庫來鎖定、追蹤、懲罰窮人。

在前面幾個章節中，我以實地考察的方式，讓大家看到新的高科技工具如何在全美各地的社服專案中運作。聆聽這些工具所鎖定的對象非常重要。他們講述的故事，和行政人員與分析家所講的不同。現在，我想把視角拉遠，讓大家以鳥瞰的方式瞭解這些工具如何一起運作，創造出一種管制窮人的隱蔽系統。

：：阻止窮人使用公共資源：印第安納州

數位濟貧院阻止窮人與勞工階級取得公共資源。印第安納州把福利資格自動化與民營化結合起來，因此大幅減少了福利救濟人數。僵化的行政程式與不合理的預期，阻止民眾取得他們理當享有的福利。糟糕的規則與設計不良的績效指標，導致程序一旦出錯就歸咎到申請人身上，而不是州政府或承包商。他們假設自動化決策工具永遠不會出錯，所以電腦化決策凌駕了為申請人提供程序公正的程序，導致數百萬人的福利申請遭拒。

然而，這種刻意的阻撓只達到有限的成效。在印第安納州，福利被剝奪而造成的明顯苦難引爆了人民怒火，掀起激烈的反彈。那些被剝奪福利的民眾開始公開他們的遭遇，維權人士開始號召盟友，提起訴訟。最後，印第安納人贏了……某種程度上來說是贏了。州長丹尼斯撤銷了IBM的合約，家庭與社會服務局推出混合式登記系統，該州參與貧困家庭臨時補助計畫的人數依然處於歷史低點。

印第安納州的資格自動化實驗之所以失敗了，是因為它沒有針對「不配」獲得福利，創造一個令人信服的故事。州長對窮人的敵意是不分青紅皂白的。自動化系統波及六歲女孩、修女、因心臟衰竭而住院的祖母。維權人士認為這些人是無辜的受害者，那項計畫違背了印第安納人博愛與慈悲為懷的天性。

雖然自動化社會隔離系統在全美各地愈來愈多，這種階層壓迫策略有明顯的瑕疵。所以，當直接阻撓失敗後，數位濟貧院創造出某種陰險狡猾的東西：一種崇高的道德敘事，把多數的窮人當罪犯看待，同時為少數幸運者提供救命資源。

∷分類窮人，把窮人當成罪犯：洛杉磯

洛杉磯郡的無家可歸者服務提供者想更有效率地利用資源，更有效地與各方合

作，或許他們也希望把一項令人揪心的任務外包出去：從六萬名無家可歸者中，挑選誰該獲得住房協助。

該郡協調入住系統的設計者表示，那個系統的目的，是配對最需要幫助的人與最適合的資源。不過，我們也可以從另一個角度來看協調入住系統的排名功能：那是一種成本效益分析。為長期無家可歸的最弱勢群體提供永久性的輔助住房，比把他們留在急診室、精神病院、監獄的成本低。為那些弱勢度較低的無家可歸者提供小額、有限期的補助金，以便快速重新安置，比讓他們變成長期無家可歸的成本低。對那些弱勢排名最高與最低的人來說，這種社會分類機制的效果很好。但是，像蓋瑞那樣的人，他們的生存成本超過可能幫納稅人節約的社福成本，所以他們的生活變得無人聞問。

截至本文撰寫之際，洛杉磯的無家可歸者中，共有二萬一千五百人沒獲得任何援助，他們的資料在無家可歸者資訊管理系統中存放了七年。幾乎沒有什麼措施保護那些私密個資，洛杉磯警局不需搜查令就可以取得裡面的資訊，這是執法部門玩弄數據的伎倆。把治安管理系統與無家可歸者服務系統整合起來，模糊了維持經濟保障與調查犯罪之間的界限，也模糊了貧困與犯罪之間的界限，收緊了追蹤定位及誘捕那些無住所者的網羅。這張網先用資料系統撈進資料，再用道德分類系統來篩檢。

協調入住系統所收集的資料，也為洛杉磯的無家可歸者問題創造了一種新故事。

這個故事有兩種發展方式。樂觀版的故事是說，更細膩的資料可以幫該郡及整個國家面對政府無法照顧無家可歸者這個大問題。悲觀版的故事是說，按弱勢程度來分類無家可歸者，這樣做本身就削弱了大眾對無家可歸者群體的支持。這讓中產階級覺得，那些真正需要幫助的人得到了幫助，那些無法獲得資源的人基本上是無法管理的，或根本是罪犯。

如果數位濟貧院只是像印第安納州那樣直接阻止窮人獲得公共福利，那還容易應對。但是，把窮人分類並把他們當成罪犯看待，是把窮人與勞工階級納入系統中，並用那個系統來限制他們的權利，剝奪他們的基本需求。數位濟貧院不僅排擠窮人而已，它直接把數百萬人收編到一個控制系統中，不把他們當人看，也沒收他們的自決權。

：：預測窮人的未來行為：阿勒格尼郡演算法

評估洛杉磯成千上萬名無家可歸者以產生一套道德分類系統，做起來既費工又昂貴。以演算法預測，則是利用統計數據與現有資料來產生價值與資格分級，而不是以臨床診斷的方式來評斷個人。當阻止窮人取得資源的做法失敗，分類成本又太高時，數位濟貧院改用統計方法來推斷。像洛杉磯 VI-SPDAT 那種調查，是詢問一個人做過的行動；像阿勒格尼郡AFST那種預測系統，則是根據過去類似群組的行為模式，來推測某人未來可能採取的行動。

分類是衡量個體之於群體的行為，預測則是鎖定關係網絡。阿勒格尼郡的AFST是針對一個家庭中的每個成員執行，而不是只針對被檢舉的父母或子女。在新的預測方法下，你不僅受到自己行為的影響，也受到情人、室友、親戚和鄰居行為的影響。

與分類不同的是，預測是跨世代的。安琪與派翠克的行為會影響哈麗葉未來的AFST評分。他們使用公共資源也會提高哈麗葉的評分。塔巴莎童年就醫時，派翠克與CYF的爭執，也會導致哈麗葉成年後的評分增加。安琪與派翠克今天的行動，可能會限制哈麗葉的未來及其孩子的未來。

所以，預測模型的影響是加倍放大的。由於預測依賴人際關係網絡，而且跨越好幾個世代，它的傷害可能像傳染病一樣傳播，從最初的接觸點蔓延到親朋好友，再蔓延到朋友的人際關係網，像病毒一樣傳播到整個社群。

歷史上從來沒有一個貧困管理系統把那麼多精力放在臆測其觀察目標可能出現的行為上。那是因為我們整體上不太關心窮人的實際痛苦，比較關心他們可能對其他人構成的潛在威脅。

AFST是因應一個真正重要的問題。看護者有時確實會對孩子造成可怕的傷害，政府介入以保護那些無法自保的人是恰當的。然而，即使孩子可能受到很大的傷害，這也不是毫無限制地拿貧困家庭來做實驗的理由。中產階層永遠不可能忍受AFST評估他們養兒育女的行為。把這種制度套用在別無選擇的群體上是一種歧視，根本不是民主，實在不可原諒。

十九世紀，醫學院對大體解剖的需求日益成長，導致盜墓熱潮，嚴禁偷竊屍體的法律也應運而生。濟貧院的墓地迅速成為非法屍體交易的熱門地點。由於醫院與醫生對廉價屍體的需求日增，很多州紛紛立法，把窮人屍體的黑市交易合法化：濟貧院與監獄囚犯的屍體若無人認領，可以交給醫學院解剖。大體解剖對中產階級來說是無法想像的遺體對待方式，卻被當成窮人為科學做出貢獻的一種方法。

法醫人類學家仍然常在濟貧院埋葬窮人的墓地裡，發現屍骨遭到變動的證據，例如腿骨與骨盆上的鋸痕，頂骨的頂部像蓋子一樣掀開[2]。以前，我們在窮人的身體上做實驗；如今，我們拿他們的未來做實驗。

■ ■ ■ ■ ■

新技術的發展往往伴隨著一種危險的奇想。那種想法莫名其妙地篤定，工具的革命必然會抹除過往的一切。我以數位濟貧院來打比方，是為了在談論科技與不平等時，抗拒這種抹除歷史與背景脈絡的做法。

郡立濟貧院與數位濟貧院的相似處相當明顯。它們都阻止窮人取得公共福利，限制他們的活動，強制他們工作，拆散他們的家庭，導致他們喪失政治權，把窮人當成實驗對象，把窮人視為罪犯，建構可疑的道德分類，讓中產階級可以在道德上疏離窮人，重現充滿種族歧視與階級歧視的人類價值等級制度。

然而，公共服務中的高科技工具與實體濟貧院之間的類比，在某些方面是不夠的。就像郡立濟貧院適合工業革命時代，科學慈善運動適合進步時代（Progressive Era）*一樣，數位濟貧院為我們這個年代的特殊情況做了調適。郡立救濟院回應了中產階級對產業失業率上升的擔憂：它把那些失業勞工藏在濟貧院裡，但又把他們留在附近，以便突然有勞力需求時可以立即供應。科學慈善運動則是回應了在地菁英對移民、黑人、貧窮白人的恐懼：創造出一個同時控制資源取得及社會包容的價值階級。

如今，數位濟貧院回應的是芭芭拉．艾倫瑞克（Barbara Ehrenreich）所說的：中產階級的「害怕墮落」。艾倫瑞克寫道，白人中產階級面對底層勞工階級的崩解、上層財富階級的荒謬擴張，以及國家日益多元化的人口結構，亟欲維持自己的地位。他們大致上已經放棄正義、平等、公正的理想❸。在川普當選美國總統以前，他們日益強大的「反自由主義」心態在公開場合還不強烈。那是一種「狗哨式」*的殘忍：他們不會容忍消防水柱朝著黑人學童噴灑，但也不譴責邁克．布朗（Michael Brown）、弗雷迪．格雷（Freddie Gray）、娜塔莎．麥肯納（Natasha McKenna）、伊澤爾．福特（Ezell Ford）、桑卓拉．布蘭德（Sandra Bland）遭到警方暴力執法致死的慘劇。現在已經不可能強制要求窮人絕育，但懲罰貧窮家庭、讓他們挨餓、把他們視為罪犯的福利改革卻得到了默許。數位濟貧院在這個政治時刻誕生，也完美地配合了這個政治時刻。

過去的濟貧院和現今的數位濟貧院雖然關係密切，但兩者仍有顯著的差異。以前的郡立濟貧院把窮人集中起來，無意間促成了不同種族、性別、民族血統之間的階級團結。大家同桌共餐時，即使被迫吃粥，可能也會發現彼此的經歷有相似之處。監控與數位社會分類把我們切分成愈來愈小的微型群體，以便做各種隱私侵犯與控制，這導致大家愈來愈疏離。當我們住在無形的濟貧院時，大家變得愈來愈孤立，即使其他人和我們一樣受苦，我們也因為與周遭斷了連結，不得而知。

＊指一八九〇到一九二〇年間，美國史上大幅進行社會政治改革現代化的時代。

＊一種政治手段，在看似面對一般大眾的資訊中加入針對特殊人群的隱性資訊，或以模稜兩可的語言讓聽眾解讀成自己想聽的內容。

數位濟貧院還有什麼新的特點？

數位濟貧院令人難以理解。驅動數位濟貧院的軟體、演算法、模型都很複雜，而且往往是祕密的。有時它們受到商業流程的保護，例如 IBM 和 ACS 的軟體不讓那些貧困的印第安納州人獲得現金補助、糧食與醫療服務。有時高科技工具的運作細節受到嚴格保密，以防用戶玩弄演算法。例如，洛杉磯某個無家可歸者服務機構的員工工作指南寫道：「不要為用戶提供 VI-SPDAT 的副本。不要告訴用戶他們會收到分數。我們不該提醒用戶，那會導致工具失效。」有時模型的結果是保密的，以保護其使用對象。切爾納與道爾頓不希望 AFST 風險評分變成他們與法官或調查員共用的衡量標準，進而潛移默化地影響他們的決策。

然而，對民主來說，公開透明非常重要。一個人因收入不夠低而沒有資格獲得某種公共服務方案時，頂多只會感到失望，覺得不公平。然而，一個人因「未能配合」而被否決社福權利時，那是截然不同的。你知道你有權享有某種福利，卻被拒絕了，而且無從瞭解原因，那就好像被告知：「你一文不值，我們不給你救命援助，只是因為我們不想給。」

在政治決策中，公開透明非常重要，那是讓大眾對公共體系持續抱持信心的關鍵，也是實現公平與正當程序的關鍵。

數位濟貧院可以大幅擴張。自動化決策系統、配對演算法、預測式風險模型之類的高科技工具，有迅速擴展的潛力。印第安納州的ACS電話中心以前所未有的速度否決了許多人的福利申請，部分原因在於電話中心的員工不需要像以前的社福個案調查員那樣做費時的面對面交流。在短短四年內，協調入住系統從單一社區私人資助的試行專案，變成政府資助的洛杉磯郡所有無家可歸者服務機構及其一千萬居民的共同入口。雖然一個深思熟慮的公共服務部門只要求AFST達到適度的初始目標，但類似的虐童風險模型正迅速激增，從紐約市到洛杉磯，從奧克拉荷馬州到俄勒岡州，都有這類模型。

一八二〇年代，支持者認為美國每個郡都應該有一個濟貧院，但是為窮人建造那麼多類似監獄的濟貧院既昂貴又耗時。雖然美國後來在全國各地建立了上千所濟貧院，但郡立濟貧院很難大幅擴展。優生學家哈里．勞克林（Harry Laughlin）提議對全國「最底層十分之一」的人口（約一千五百萬人）做非自願的絕育以消除貧窮。但勞克林的種族清洗理論只在納粹德國推廣，他那個對「不適者」做大規模絕育的計畫，在二戰後就遭到唾棄了[4]。

數位濟貧院迅速擴張的門檻遠比實體濟貧院還低。

數位濟貧院是持久存在的。數位濟貧院一旦大規模地擴展，就很難終止。例如，試想，萬一全世界發現 Google 這種大數據公司嚴重破壞用戶的信任，那會發生什麼事。假設他們把行事曆的資料賣給某個國際盜車集團，那會馬上掀起廣泛的抗議，指責那做法不公、危險、可能違法。用戶會馬上尋求其他的電郵、行事曆、存檔、視訊會議和網路搜尋等服務。

但我們需要一段時間才能讓數位生活脫離 Google 的掌控。你需要把新郵件從 Gmail 轉寄到新的電郵帳號一段時間，否則沒有人能聯絡到你。Google 的行事曆可能是唯一與你的 Android 手機相容的行事曆。Google 的基礎架構已經整合到很多系統中，彷彿渾然天成，難以遏止。

同樣地，一旦你把社福個案調查員的各項職責分解成可替換的獨立任務，一旦你安裝了排名演算法，一旦你裝了無家可歸者管理資訊系統，或是把所有的公共服務資訊整合到一個資料庫中，你幾乎不可能逆轉這個流程。新員工將促成新技能、態度、能力的普及。價值數百萬美元的合約會促使公司認真地保障其自身利益。一個承諾可預測虐童機率的分數，很快就會變得不容忽視。現在既然 AFST 已經啟用了，大家對於「不使用它的後果」所產生的恐懼，將永遠變成這個系統的一大考量。

新技術整合到體制中以後，發展會日益蓬勃。隨著它們日趨成熟，它們也會變得愈來愈難以挑戰、改變或根除。

數位濟貧院是永恆的。數位濟貧院裡的資料將持續很長的時間。紙本記錄的時代已經過時，因為紙本的實體性限制了它們的儲存功能。相反地，數位濟貧院承諾的是永恆的記錄。

曾經傷害他人的決定，確實應該承擔後果。但是終生掛著精神病的診斷、忽視兒童的指控或犯罪記錄，也削減了一個人更生的機會，限制其自主權，損害其自決權。此外，無限期地保留公共服務資料，會加劇不當披露及資料洩露的風險。永恆的記錄是懲罰與報復，不是正義。

四十年前，法國國家資訊與自由委員會（French National Commission on Informatics and Liberties）確立了「被遺忘權」的原則。誠如大衛．弗拉赫蒂（David Flaherty）在《監視社會中的隱私保護》（*Protecting Privacy in Surveillance Societies*）一書中所說的，委員會認為資料不該預設成無限期儲存在公共系統。電子資訊只有在達到必要目的時才應保存，尤其是在披露後會帶來重大風險的情況下。

這個概念在美國引起了強烈的反抗。但如果我們要追求正義，就應該提供救贖的機會及改過自新的能力。這需要我們想辦法鼓吹資料收集系統定期清空。任何人的未來都不該受到過往的侷限。

我們都活在數位濟貧院裡。我們一直生活在我們為窮人打造的世界裡。我們打造了一個殘疾者或老年人毫無用處的社會，當我們受傷或變老時，就遭到遺棄。我們只根據一個人賺取工資的能力來衡量人的價值，在一個不重視關懷與社群的世界裡受苦受難。我們的經濟有賴剝削那些少數族裔的勞力，眼睜睜地看著持久的不平等扼殺人類的潛力。我們覺得血腥的競爭免不了會撕裂這個世界，所以不知道很多攜手合作與互相扶持的方式。

以前，只有窮人住在郡立濟貧院的公共宿舍，只有窮人遭到科學慈善運動的詳細檢視。如今，所有人都生活在我們為窮人設下的數位陷阱中。

■ ■ ■ ■ ■

你可以把數位濟貧院想像成由光纖交織而成的無形蜘蛛網。每根光纖就像麥克風、攝影機、指紋掃描器、GPS追蹤器、警報線和水晶球一樣，有些光纖有黏性，彼此相連，它們一起形成一個網路，傳遞千百萬位元組的資料。我們的一舉一動都會振動那張網，揭露我們的位置與方向。每條光纖都可以開啟或關閉，可以回溯歷史，也可以展望未來。它們透過網路將我們與我們認識與關愛的人聯繫起來。隨著社經地位下降，這些光纖交織得愈密，啟動的數量愈多。

我們一起打造了數位濟貧院，每個人多多少少都與這張網有牽連。但許多中產階級只是短暫地跟它擦肩而過，只接觸到那張網漏洞較大、啟動的線較少的地方。我們碰觸到那張網時，可能必須暫停片刻，以掙脫那張網的黏膩掌控，但影響不至於太久。

當我的家人因醫療詐欺調查而遭到系統示警時，我們只需要一次掙脫一根線的糾纏，不需要掙脫刑事司法制度、聯邦醫療補助、兒保服務等線路的糾纏。我們也沒有被父母的歷史或鄰居的行為模式糾纏著不放。我們質疑數位濟貧院的一根細線，最終獲得了勝利。如果我們能倖免於難，正在閱讀這本書的許多人也可以，那為什麼美國中產階級還需要在乎這個大致上把窮人當成罪犯看待的無形網絡呢？

∷ 為了我們的自身利益

從最難以啟齒的層面來說，中產階級應該關注數位濟貧院，是因為這是為了我們自身的利益著想。我們可能不只跟這張網擦身而過而已，也可能陷入這張網中黏性較強、密度較高的部分。隨著勞動階級日益中空，經濟階梯的最上層與最底層變得更加擁擠，中產階級陷入貧窮的可能性愈來愈大。即使我們沒有跌到官方設定的貧窮線以下，我們一生中的某個時點也有可能使用社福方案來獲得支援。

我們當初設計那些方案時，看不起最初的使用對象：長期貧窮者。那種蔑視塑造了那些方案，刻意阻止窮人獲得應得的福利。於是，當我們需要申請那些福利時，也得忍受那些侵犯隱私又繁複的流程。我們的許多資料都會被收集、探勘、分析、共用。我們的價值、行為、人際關係都會受到調查，我們的過失都會被當成犯罪看待。一旦我們陷入數位濟貧院中比較黏膩的層級，它的綿密網絡將使我們難以從厄運或糟糕的選擇中重新振作起來。

或者，這個系統可能找上我們。那張網的頂部網格目前較寬，線路尚未啟動。就像近二十年前桃樂絲・艾倫（特洛伊鎮的那位母親）提醒我的，在窮人身上測試的科技工具，最終會用在每個人身上。一場全國性的災難或政權更迭，就有可能變成在所有階層都部署數位濟貧院以展開全面監控的理由。由於數位濟貧院是網路化的，中產階級生活的所有領域可能突然間全部「啟動」審查。由於數位濟貧院是持久存在的，今天完全合法但未來變成犯罪的行為，可以拿來追溯以前的責任。

∷ 自動化的不平等傷害了所有人

即使不考慮狹隘的私利，我們也應該關注數位濟貧院，因為它加劇了歧視，創造了不公正的世界。想要瞭解數位濟貧院如何把不平等加以自動化，關鍵是從貧州大學的傳播學者奧斯卡・甘迪（Oscar Gandy）所提出的「理性歧視」（rational discrimination）概念著手[5]。理性歧視不需要階級或種族仇恨，甚至不需要不自覺的偏見，只需要忽略已經存在的偏見就行了。當自動化決策工具的設置不是為了明確消除結構性的不平等時，其速度與規模就會加劇那種不平等。

例如，一九三五年到一九六八年，聯邦住宅貸款銀行委員會（Federal Home Loan Bank Board）與屋主貸款公司（Home Owners' Loan Corporation，HOLC）收集資料，以畫出美國黑人社區的界限，把他們定義為高風險投資。於是，公家與私人貸款機構都拒絕放貸給那些地區。這種紅線政策是源自公然的種族敵意與貪婪。誠如道格拉斯・梅西（Douglas S. Massey）與南希・丹頓（Nancy A. Denton）在一九九三年的經典著作《美國種族隔離》（*American Apartheid: Segregation and the Making of the Underclass*）中所寫的，種族敵意是透過「街廓房地產炒作」（blockbusting）之類的做法執行的。所謂街廓房地產炒作，是指房地產經紀人刻意挑選勞工階級的白人社區來做種族更替，他們收購一些房屋，然後悄悄地賣給黑人家庭。接著，他們挨家挨戶去煽動種族主義者對於「黑人入侵」社群的恐懼，並出低價去收購白人的房子。紅線政策對城市的形態產生了深遠的影響，如今光從郵遞區號還是可以有效地辨識種族分布的情況。

然而，隨著政治上開始不接受公開的歧視做法，表面上種族中立的做法應運而生。如今，資料型的「反向」紅線政策取代了以前的住房歧視。倫敦政經學院（London School of Economics and Political Science）的西塔．佩納．甘格達蘭（Seeta Peña Gangadharan）指出，金融機構使用從資料經紀商那裡買來的後設資料（metadata），把房地產市場分成愈來愈精細的微人群，例如「勉強過活的農村」、「特別貧窮」等。雖然驅動這種精準行銷的演算法並沒有明確地以種族作為決定的依據——一九六八年的《公平住房法》（Fair Housing Act）認定這是違法的——但「困苦的少數民族二級城市」等類別顯然帶有種族與階級的色彩[6]。金融機構鎖定這些弱勢群體來推銷次級貸款、發薪日貸款*（payday loans）或其他剝削性的金融產品。

反向紅線政策是一種理性歧視。它之所以不算直接歧視，是因為它依賴有種族歧視或階級歧視的個人做出敵意的選擇。事實上，一般常認為那種做法有「包容性」：為「銀行不足」的社區提供金融商品。這種表面中立的分類掩蓋了歧視性的結果，不僅剝奪了整個社區的財富，也加劇了累積的劣勢。

數位濟貧院以高科技工具的理性歧視，取代第一線社工有時帶有偏見的決定。管理者與資料科學家把大眾的焦點集中在社福個案調查員、房產管理人、服務提供者、案件篩檢員可能造成的決策偏見上。他們拐彎抹角地指責這些下屬（通常屬勞工階級）是造成組織做出種族偏見與階級偏見決策的罪魁禍首。接著，管理者與技術專家聘請經濟學家與工程師來設計更「客觀」的系統，以根除這些下屬的「人為弱點」。菁英階層的階級歧視與種族歧視經過技術與資料騙術的洗白後，變得客觀中立。

二〇一六年十一月，我去匹茲堡做研究時，大部分的時間是想偷偷瞭解優步（Uber）著名的自駕車。但我運氣不好，因為這些自駕車主要出現在市中心及橫排區（Strip District），那些都是迅速仕紳化的區域。我主要是待在杜肯、威金斯堡、希爾區（Hill District）、霍姆斯特德，所以沒看到半輛自駕車。

自駕車是使用由優步的真人司機和一個兩人組成的工程師團隊所收集的大量地理空間資料，來瞭解如何在城市中自由穿梭，以及如何因應其他車輛、自行車與行人。《衛報》（*The Guardian*）記者茱莉亞．凱莉．王（Julia Carrie Wong）採訪為優步開車三個月的羅伯．賈奇（Rob Judge），問他對於自己在優步的未來所扮演的角色有何感想，他回答：「感覺我們這些司機就像臨時租來的車子一樣。在自駕車技術正式問世之前，我們只是暫時幫它卡位[7]。」

我問阿勒格尼郡區域案件篩檢員的主管諾埃爾，他是否擔心他管理的案件篩檢員

---

*將還款日期與借貸者下一次領薪的日子綁在一起，等發薪日一到，債主就把錢從借貸者的帳上提走。這種借貸的利息極高，但屬於合法的高利貸。

可能正在訓練一種最終會取代他們的演算法。他堅稱：「不會，永遠不會有任何東西取代真人及這種連結。」然而，具體來說，人類已經從駕駛座上消失了。以前經濟蕭條時，美國的菁英階層把窮人拋諸腦後*，如今他們把紓解貧窮的鑰匙交給機器人司機。

：：數位濟貧院損害美國的價值觀

我們都應該關注數位濟貧院，因為它與我們最重視的集體價值觀——自由、平等、包容——相悖。

美國從建國以來就宣稱要珍惜自由，這是《獨立宣言》中提到不可剝奪的權利。憲法第五條修正案與第十四條修正案規定：「非經正當法律程式，任何人……都不應被剝奪生命、自由或財產。」學童宣誓效忠的是一個承諾「人人享有自由與正義」的共和國。

然而，當我們不再籠統地談論這些理念，試圖在一個多元化的國家中，挑選一種為最多人確保自由的最佳方式時，衝突就出現了。關於自由的詮釋，大家的看法往往呈兩極分化。一邊認為，自由是免於（freedom from）政府干預、為所欲為的權利。

例如，那些想要減少政府對企業的監管以降低競爭門檻的團體，要求免於政府干預。另一邊認為，自由是自主行動及發揮能動性的自由（freedom to）。例如，希望以低於市場利率提供聯邦學貸的團體認為，所有的學生都應該享有接受高等教育的自由，不該一輩子被負債所累。

數位濟貧院限制了這兩種自由。

數位濟貧院促進了政府的干預、審查和監視，破壞了「免於干預」的自由（freedom from）。高科技工具的興起增加了對窮人與勞工階級的行為和選擇的資料收集、儲存、共用。這種監視常用來找出那些可制裁的不法行為，進而阻止窮人獲得福利，把他們當成罪犯看待。任何人都不會認為本書描述的系統有助於擺脫官僚制度與政府干預。

數位濟貧院也削弱了窮人與勞工階級行使自決權與自主權的能力，破壞了他們行使這些權利的自由（freedom to）。數位濟貧院的複雜性使它們鎖定的對象感到無能為力，不知所措。很多時候，這些工具只會磨光一個人的決心，直到他們放棄理當享有的東西：資源、自主權、尊重和尊嚴。

＊原文是 throw someone under the bus，直譯是「把某人丟在公車下」，意指犧牲某人。

美國人民在平等問題上也早就達成普遍共識，認為平等是一項重要的國家價值觀。《獨立宣言》雖是奴隸主簽署的，但其中有句名言：「人皆生而平等，享有造物主賦予的不可剝奪權利。」不過，就像自由一樣，平等也有許多不同的詮釋。

一方面，許多人把平等理解為「平等對待」（equal treatment）。主張強制量刑的人認為，無論犯罪者的特徵或犯罪的情況如何，類似的罪行都應該受到類似的懲罰。另一方面，許多人認為，只有當不同的人和不同的群體能夠從公共財與政治成員的身分中獲得「同等價值」（equal value）時，才算是實現公平。為了讓這種公平蓬勃發展，必須消除阻礙機會的結構性障礙。

然而，數位濟貧院削弱了這兩種平等。

數位濟貧院複製了文化偏見，削弱了正當程序，破壞了「平等對待」。高科技工具有內建的權威性和表面的客觀性，這往往讓我們以為它們的決定不像人類的決定那麼有歧視性。但偏見是透過程式設計的選擇、資料選擇、績效指標導入科技中的。簡言之，數位濟貧院對類似的案件並不是一視同仁。

數位濟貧院也削弱了窮人與勞工階級從公共資源與政治成員的身分獲得同等價值

的能力。它重新把社會工作界定成資訊處理，接著再以電腦取代社工。那些剩下未被取代的人，則成為演算法的延伸。

但福利個案調查並不是資訊處理。最高法院的大法官小威廉．布倫南（William J. Brennan, Jr.）回顧他在戈德伯格訴凱利案的判決時曾說，公共福利方案的平等，需要「有一股熱情去瞭解官方版事件背後的生活脈搏」[8]。最好的情況下，社工可以幫那些弱勢家庭因應複雜的官僚，偶爾秉持著更高正義的名義，偏離制式規定，以促進平等與包容。

數位濟貧院也導致它鎖定的對象頓時不知所措，把他們視為種種麻煩的匯集，藉此限制他們享有的同等價值。平等需要發展與進化的能力，但誠如資料科學家凱西．歐尼爾所寫的：「數學模型本質上是以過去為基礎，並假設過往的型態會重複[9]。」政治民調機構和它們的模型都未能預測川普在二〇一六年的總統大選中勝出，因為選民不像過去選民行為的統計分析預測那樣行事。人會改變，動能起起落落，社會不斷變遷。正義需要進化的能力，數位濟貧院卻把我們綁在過去的模型中。

■ ■ ■ ■ ■

最後，美國人民普遍認同的第三種國家價值觀是政治與社會包容力。包容需要參與民主制度與決策，亦即林肯在蓋茲堡演說（Gettysburg）中所謂的「民有、民治、民享」的政府。包容也需要社會與文化的融合，對國家的歸屬感，相互的責任與義務感。這個理想一直存在於美國實際的座右銘：「合眾為一」（*E Pluribus Unum*），在我們的護照與貨幣上都看得到。

與自由和平等一樣，包容也有多種定義方式，其中最常見的是「融入」（as assimilation）的包容，也就是個人與群體為了歸屬於一個社會，必須遵循現有的架構、價值觀、生活方式。那些認為美國政府的文件應該只提供英文版的人，就是在推動這種融入的包容。另一種瞭解包容性的方式，是把它想成一個人在社區中以「一個完整的自己」（as your whole self）蓬勃發展的能力。這種包容需要調整社會與政治結構，以支援及尊重每個男女老少的平等價值。

數位濟貧院削弱了這兩種包容。

數位濟貧院破壞了「融入」的包容。在最惡劣的例子中（例如，在印第安納州，申請公共援助遭拒的數量激增），它直接把民眾排除在政府方案之外。更微妙的是，數位濟貧院透過精準鎖定微小分眾來促進社會與政治分化。資料探勘創造出統計上的社會分組，然後政策制定者再為每個分組量身打造干預方式。這種量身打造的個人化治理可能加劇社會分化，而不是促進包容。「定制化」的政府可能把某些個體服務得很好，但是當大家覺得特殊待遇愈來愈多時，那也會增加群體之間的敵意。

數位濟貧院也限制了其關注對象以一個完整的自己融入社會的能力。窮人與勞工階級受到數位審查時，從他們的相對社會價值中記取了教訓。史代普一家與雪麗瞭解到，他們的生命比更有錢的鄰居還不如。吉德維與派翠克則是領悟到，任何人想要對抗政府，必輸無疑。蓋瑞與安琪瞭解到，監控無所不在，他們需要隨時表現出遵守與順從的樣子。如何在公正民主的政治體系中成為一分子？上述的待遇對公民來說是可怕的教訓。

數位濟貧院阻止弱勢者取得公共資源，問一些侵犯隱私及傷害性的問題，使人難以瞭解政府官僚如何運作，誰有權讀取你的資訊，以及他們如何使用那些資訊。它告訴我們，只有完美的個體才屬於政治共同體：凡事都要一絲不苟，注重細節；不能忘記預約；永遠不能犯錯。它提供的援助少得可憐（例如心理醫生輔導十五分鐘、幾美元的現金補助、一次租屋協助），但懲罰卻大得嚇人（強制帶走孩子、失去醫療保險、監禁）。數位濟貧院是一種「陷阱式」的治理系統，有如無形的惡霸，迅速給人致命的一拳。

：：數位濟貧院凌駕政治

數位濟貧院建於一九七〇年代，目的是為了消弭「福利權運動的政治勝利」與「中產階級反對公共援助」之間的衝突。為了達成這個目標，它的高科技工具必須讓大家覺得那只是行政升級，不是重大的政治決定。

數位濟貧院誕生時，全美國上下正在問一些棘手的問題：在不平等的情況下，我們對彼此有什麼義務？我們如何獎勵關照他人的行為？如何面對自動化與電腦化帶來的經濟變化？數位濟貧院把這些重大的政治困境包裝成一系列效率與系統工程等尋常的議題：如何配對需求與資源最好？如何消除詐騙及阻止不符合條件的人取得福利？如何以最少的錢做最多的事情？數位濟貧院讓我們迴避了更大、更關鍵的對話。

今天，我們正自食惡果。二〇一二年，美國的經濟不平等達到一九二八年以來的顛峰。一種新的赤貧階層出現了，他們每天的生活費不到二美元。社會頂層累積的鉅額財富，使評論者毫不誇張地把當下這個時刻稱為第二個「鍍金時代」（Gilded Age）。

然而，本書提到的三種系統都有一個未明講的目標：縮小政府規模，為這個國家的問題找到非政治性的解決方案。二〇一六年，AFST的設計者維蒂亞娜森投書紐西蘭的《自治領郵報》（*Dominion Post*），她在文中寫道：「二〇四〇年以前，大數據應該會讓公共部門大幅縮編。一旦我們的資料達到任務要求，這些工作就不需要由大量的公務員以老派的方式完成了。這些資訊與觀點是即時、量身打造、容易長時間持續比較的。而且，在理想的情況下，所有人都會認為它完全不帶政治色彩[10]。」自動化的資格審查、協調入住系統、AFST都講述著一個相似的故事：演算法一旦完美，自由的市場和自由的資訊將保證最多人獲得最好的結果。到時候我們就根本不需要政府了。

這種認為「治理最少的政府，是最好的政府」的觀點，其實是有問題的。因為歷史上，只有在大規模抗議活動迫使聯邦政府投入大量資金時，持久性的貧窮問題才有可能解決。《社會安全法》、《美國軍人權利法案》（GI Bill）、「向貧窮宣戰」（War on Poverty）的許多計畫都有致命的缺陷：把有色人種排除在外，因此縮限了這些計畫的平等效果。不過，它們提供廣泛的風險解決方案，並承認大家應該普遍共享蓬勃的成果。

社會安全網存在的前提，在於大家同意一起分擔不確定性的社會成本。福利國家把厄運的後果平均地分配給社會的成員來承擔。他們承認，我們作為一個社會，有集體責任去打造一個既有贏家也有輸家、既有不平等也有機會的制度。然而，數位濟貧院的道德算計不僅把風險個體化，也推卸了社會承諾。

■ ■ ■ ■ ■

嚴重不平等與極權統治的國家，最愛使用高科技來做社會分類——記住這點，對我們都有幫助。誠如愛德溫·布萊克（Edwin Black）在《IBM與大屠殺》（*IBM And The Holocaust*）所述，數千個何樂里卡系統（Hollerith card，電腦軟體的早期版本）讓納粹政權得以更有效率地辨識、追蹤、剝削猶太人與其他對象。令人震驚的是，奧斯威辛集中營（Auschwitz）囚犯前臂上的序號，原本是何樂里卡的識別碼。

南非從一九五一年的人口普查中挖掘資料，以打造一個集中化的人口登記系統，並把所有人分成四個種族類別，藉此監控二千五百萬名南非黑人的移動、工作機會、醫療、住房狀況。二〇一五年，電子前哨基金會（Electronic Frontier Foundation）的辛蒂·科恩（Cindy Cohn）代表南非黑人控告IBM幫助及教唆種族隔離，她在非當事人意見陳述（amicus brief）中寫道：「南非全國辨識系統的技術支柱……使種族隔離政權更有效率地『剝奪該國黑人的國民身分』：白人政府先是辨識、強迫隔離南非黑人，最終展開壓迫[11]。」

對邊緣群體進行分類，再「特別關注」他們，可能有助於個人化的服務，但也可能導致迫害。你認為數位濟貧院的高科技工具將朝哪個方向發展，主要是看你是否相信美國政府會保護我們免受那些恐懼而定。

我們絕對不能忽視或低估這段可恥的歷史。有關當局把一種非常有效率的科技套用在遭到歧視的邊緣群體上，而且又欠缺強大的人權保護時，那很可能演變成一種暴行。目前，數位濟貧院把行政權集中在一小批菁英的手中。它的整合資料系統與數位監控的基礎設施，提供前所未有的掌控。除非我們下定決心改弦易轍，否則這種分類窮人的自動化工具若是任其發展，將造成嚴重的不平等。然而，我們卻表現得像是正義會自己伸張似的。

如果有替代方案，我們必須有目的地，一磚一瓦、一個位元組接一個位元組地逐步打造它。

結語

拆除數位濟貧院

一九六八年三月三十一日，金恩博士（Dr. Martin Luther King, Jr.）在華盛頓特區的國家大教堂做了最後一次週日布道：〈在大革命中保持清醒〉（Remaining Awake through a Great Revolution）。他指出，世界正經歷三重革命：第一重是自動化與「電腦化控制」（cybernation）所引發的科技革命，第二重是核武引發的戰爭革命，第三重是全球爭取自由的反殖民抗爭所引發的人權革命。他說，雖然科技創新給世界帶來一種「地域一體」（geographical oneness）的感覺，但我們對彼此的道德承諾並未跟上這樣的進展。他表示：「我們在科學與技術上的天分，讓我們達成到天涯若比鄰的狀態，但我們仍然無法做出讓大家親如兄弟的道德承諾。然而，我們必須想辦法做到那樣……命運就像一件衣服，把我們裹在一起，拘束在一張相互依存的網中，無法逃脫。」

二十一世紀的今天，我們實現了金恩博士預言的地域一體，但我們依然未達到他設想的道德進步。他呼籲立即根除種族不平等這個全美惡疾，並號召大家「消除美國及全球的貧窮」。他警告那些自滿的人，社會運動很快就會對他們敲響革命的警鐘。

他最後總結：「我們來華盛頓是為了發起一場『窮人運動』（Poor People's Campaign）。我們讀過：『我們認為下面這些真理是不證自明的：人人生而平等，造物主賦予他們若干不可剝奪的權利，其中包括生命權、自由權和追求幸福的權利＊。』……現在，我們是來要求美國忠於它多年前簽署的宏大承諾。」

四天後，金恩博士在田納西州的孟斐斯市（Memphis）遭到暗殺，當時他正在那裡支持罷工的黑人清潔工人。

■ ■ ■ ■ ■

金恩博士過世後，窮人運動繼續進行，但未達到他預期的結果。那場運動有一百萬美元的預算，有跨種族的窮人群體所組成的廣泛聯盟，還有科麗塔．史考特．金恩（Coretta Scott King）、哈利．貝拉方提（Harry Belafonte）等名人的支持。來自全美各地的九大車隊（包括紐約、洛杉磯、西雅圖、塞爾瑪，以及最有名的一支來自密西西比州馬克斯的騾車隊）抵達華盛頓特區，沒有發生任何重大事故。他們的目標即使不算宏大，也非常明確：鼓舞一波又一波美國最貧窮的人到國會大廈採取激進的非暴力行動，直到聯邦政府承諾通過一項經濟與社會的權利法案。

但那場運動也面臨極大的挑戰。金恩博士遭到暗殺後，南方基督教領袖會議（Southern Christian Leadership Conference，SCLC）陷入內鬥，對消除貧窮的承諾產生歧見。金恩博士死後在全國各地引起的城市暴動，使中產階級的白人更明顯感受到自己遭到圍攻，他們對民權運動的反彈情緒也加劇了。

胡佛（J. Edgar Hoover）領導的聯邦調查局對那場運動特別關注，並對那些在國家廣場上築起「復活城」（Resurrection City）的三千名窮人採取鎮壓叛亂的行動。傑拉德．麥奈特（Gerald McKnight）在一九九八年出版的《最後的改革征程》（*The Last Crusade*）一書中提到，那個營地不僅受到聯邦調查局全天候的監視，也受到美國陸軍情報部門、邊境巡邏隊、國家公園警察、大都會警局的全天候監視。司法部的部門間情報組（Interdivisional Intelligence Unit）的有償線民及反情報計畫（COINTELPRO）的特務都滲透到營地中，去煽動暴力與異見。他們竊聽這座小城的電話，攔截這裡的無線電傳輸，以找出「罪犯與恐怖分子」。

SCLC領導人的性別與階級偏見也破壞了窮人運動，他們不太重視福利權的領袖（主要是貧窮的黑人婦女）在建立全國的組織網絡中所扮演的要角（這場窮人運動之所以能夠發起，要歸功於福利權領袖所建立的組織網絡）。這導致一個出名的事件：珍妮．蒂爾蒙譴責金恩博士，說他幾乎不瞭解福利問題，卻要求國民福利權利組織的支持。

＊源自《美國獨立宣言》。

記者瑪麗·林恩（Mary Lynn）與尼克·科茲（Nick Kotz）在一九七七年的著作《力爭平等》（*Passion for Equality*）中寫到，一九六八年在芝加哥的一場規劃會議上，金恩博士似乎對福利權領袖所提出的尖銳問題感到困惑不解，蒂爾蒙溫和地說：「金恩博士，如果你不知道這些問題，你應該說你不知道。」值得讚許的是，金恩回應：「蒂爾蒙女士，妳說得對。我們對福利一無所知，我們是來學習的[1]。」

這種謙卑的態度在金恩博士遭到暗殺後並未延續下去。SCLC領導階層抵達華盛頓特區時，住在附近的一家汽車旅館，而不是跟著抗議者一起住在復活城。營地裡沒有烹飪設施，SCLC的成員吃著熱騰騰的餐飲時，那些抗議民眾只能連續數週勉強靠甜甜圈、麥片、臘腸、起司三明治果腹。營地的衛生與安全設施都不足，他們曾稱那裡是「希望之城」，但經過幾週的雨水與泥濘的考驗，再加上物質需求得不到滿足以及人際暴力的衝擊，希望之城最後崩解了。麥奈特指出，聯邦政府在抗議者占領該區六週後，以推土機推倒復活城。SCLC領導階層得知消息時，還鬆了一口氣。

■ ■ ■ ■ ■

窮人運動是美國卓越的未竟旅程之一。它的抱負在今天看來，和五十年前一樣緊迫。不過，數位濟貧院帶來了金恩博士未能預見的新挑戰。我們正處於一個重要的十字路口，如今金恩博士所描述的科技革命正在全國各地展開，隨時都有可能破壞他所渴望、籌劃、奮鬥的道德革命的願景。

儘管我們現在有無與倫比的通訊能力，但平等與多元化卻大大退步。我們非但沒有達到人人「現在就有工作與收人」的基本標準，還面臨前所未有的經濟不平等。我們未能實現金恩博士在一九六八年提出的消除種族歧視與消除貧窮的目標，而是創造出驚人的尖端科技，把歧視加以自動化，也加深了不平等。

但這種結果並非無可避免的，我們其實可以拆除數位濟貧院。

要拆除我們創造出來列管、監督、懲罰窮人的制度，不只需要高科技的微調而已，更需要文化、政治和個人道德的深遠變化。

拆除數位濟貧院最重要的一步，是改變我們思考、談論、感受貧窮的方式。解決大數據濫用問題的最佳方法，是講述更好的故事，即便這說法聽起來可能有悖常理。不過，我們談論窮人與勞工階級的方式日益狹隘，這種狹隘的敘述從根本限制了我們的視野。記者莫妮卡．波茲（Monica Potts）認為，一般人只想聽窮人受苦受難的描述，或是說他們做了糟糕的選擇、自食惡果之類的。她寫道，彷彿講述窮困的故事時，只能得出兩種心得：「你應該同情窮人」或「你不應該同情窮人」[2]。

更進一步限制我們視野的，是把窮人視為異於我們的族群。當我們瞭解貧窮是多數美國人都會經歷的情況時，再堅稱社會中有一種「貧窮文化」就感覺怪誕又錯亂了。這並不是說，那些出身貧寒的人在擺脫貧窮的過程中不會面臨特殊的挑戰，他們當然會有挑戰。在美國，預測成人貧窮的最佳指標，是你是否出身貧寒。因為貧窮會影響你的教育品質、你居住社區的資源、你接觸暴力與創傷的風險、你的健康狀況。這也不是說，每個人經歷貧窮的方式都一樣。種族不平等與歧視、性別偏見、慢性病問題、精神疾病、身體殘疾、非法移民與有犯罪前科者所面臨的額外阻礙等等因素加總在一起，都會使人更容易陷入貧窮，也更難以擺脫貧窮。

但貧窮不是一座孤島，而是一片邊疆。在那片經濟邊陲地區，其實有很多流動，尤其窮人與勞工階級之間的經濟邊界並不明晰。一些政策從勞工階級的錢包榨取每分錢，同時又削減窮人的社會福利、免除中產階級與富人的社會義務。這些政策導致那些生活在經濟邊緣地帶的人彼此相互對立。他們經常自責，暴力相向，但也有很多共同的經驗。拆除數位濟貧院的第一個挑戰是，在窮人與勞工階級之間培養同理心，讓他們相互理解，以便形成有利的政治聯盟。

■ ■ ■ ■ ■

幸好，這項任務已經順利展開。二十年來，由窮人領導、有廣泛包容性的「結束貧窮運動」在美國興起。例如，窮人經濟人權運動（The Poor People's Economic Human Rights Campaign，PPEHRC）是源自一九九八年六月組織的一次「新自由巴士」（New Freedom Bus）之旅，目的是呈現福利改革的毀滅性影響。主辦新自由巴士之旅的幾個組織，在幾個月後組成 PPEHRC，並由福利權的活動人士切瑞・洪卡拉（Cheri Honkala）領導。PPEHRC 的目標是「發起一場跨種族界限以團結窮人的運動」。重新定義「貧窮」並讓那些自認是窮人的人組成更大的聯盟，對這個目標非常重要。

你只要缺少一九四八年《世界人權宣言》（*Universal Declaration of Human Rights*）所承諾的任一項經濟權（例如醫療、住房、給付生活工資的工作、有品質的教育），PPEHRC 就把你視為窮人。這種重新定義的貧窮是策略性的，目的是幫窮人與勞工階級在彼此的經歷中看到自己的身影。這場運動採取了多種策略，包括搭建帳篷城、重新占領廢棄的「人權屋」（human rights houses）、遊行抗議、記錄侵犯經濟人權的行為等等，但講述故事是他們的主要任務。

例如，二〇一三年，PPEHRC 在費城召開討論貧窮問題的「婦女國際法庭」（World Court of Women）。婦女國際法庭是公開的聽證會，目的是吸引大家關注「婦女遭到暴行」的問題，包括侵犯基本人權的行為。連續幾天，他們提供一個平臺讓一般人發表證詞，有一組陪審員聽取、思考及收集證據，以要求政府與企業為侵犯人權的行為負起責任。

短短三天裡，約有一百名來自東部各州的與會者上臺傾訴她們的故事。洪卡拉在第一天表示：「這是一個神聖的地方，在這裡，我們傾聽那些被隱於無形、被消失、被迫認為自己一文不值的人發表心聲。聆聽那些被告知應該保持緘默或消失的人非常重要，那不僅有策略意義，也不可或缺。那不止是一件好事或道德上正確的事，也是值得做的事。它將會帶來變革，改變整個世界。」

這種持久練習的同理心，可以把「我們／他們」之別，轉變成同一個「我們」，而且不會掩蓋我們的經歷與生活機會上的真正差異。當我們瞭解一起承受的苦難時，如此湧現的正義怒火會是一股驚天動地、撼動體制、充滿遠見的力量。

最近，新窮人運動（New Poor People's Campaign）也加入 PPEHRC 的行列。新窮人運動是一個聯合宗教人士、民權運動人士、經濟正義活動人士與組織者的聯盟，致力解決貧窮與種族歧視所造成的大規模苦難與壓迫。跟 PPEHRC 一樣，真相委員會（Truth Commissions）的故事講述也是其策略核心。

然而，正義需要的不單只是講述真相，還需要動員基層的力量來改變現狀。如今的窮人運動跟五十年前的窮人運動一樣，努力建立一個由窮人領導、真正超越種族與階級的運動。那些真正由窮人與勞工階級領導的組織，在吸引資源方面，面臨著一些獨特的困難，因為基金會不太相信窮人能管理好資金。在包含中產階級活動人士的進步聯盟中，窮人與勞工階級常受到排擠，因為他們的語言和行為不見得符合運動文化的主流規範。主流媒體很少報導他們的行動與政策建議。那些代表窮人的中產階級所領導的組織，比較能夠吸引到資金、進步盟友、大眾關注。但他們往往不認同窮人與勞工階級的激進分析，也欠缺窮人與勞工階級的無盡能量。

■ ■ ■ ■ ■

一九六八年二月，金恩博士與SCLC的其他成員草擬了一封寫給詹森總統（Lyndon B. Johnson）與國會的信，明確要求政府通過經濟與社會性的權利法案。他們寫道：「我們不是來這裡尋求施捨，而是來要求正義……我們這些黑人男女代表黑人男女發聲，但我們主張的權利不僅適用於我們這個族裔，那是所有人的權利，是這個國家已經宣稱、但沒有付諸實踐的權利。」他們接著列出保障所有美國人民追求生命權、自由權、幸福所需的六項基本權利，其中包括：

❶ 每位有工作能力的公民都有權獲得體面的工作。

❷ 每位公民都有權獲得最低收入。

❸每個人都有權住像樣的房子及自由選擇居住的鄰里。
❹每個人都有權獲得適足的教育。
❺每個人都有權參與決策流程。
❻每個人都有權享有現代科學在醫療方面的全面效益。

為了資助這個充滿雄心抱負的目標，SCLC要求詹森政府立即從越南撤軍，制定國內版的馬歇爾計畫（Marshall Plan），撥出百分之三的國內生產毛額（GDP）資金去興建平價住房，並通過和平時期的《美國軍人權利法案》，以支持數百萬貧困的青年接受高等教育或職業教育。

他們總結道：「有了這些權利，美國在《獨立宣言》發表二百週年之際，就可以朝著實現美國夢邁出一大步。」金恩博士在寫給支持者的一封信中提醒大家，窮人運動是美國喚起「建設性民主變革意識」的「最後機會」[3]。

然而，事與願違，一九七六年出現了數位濟貧院，而且，一場限制貧困家庭權利的運動也席捲了全國。更嚴格的規則、更快的處理速度、更少的真人裁量權、更完備的監控系統等諸多因素合起來，撕裂了早已不足的社會安全網。國會廢除了「向貧窮宣戰」的許多計畫，並以越戰成本高昂為由來合理化那些廢除行動。窮人運動所要求的和平時期《美國軍人權利法案》、公共服務工作、最低保障收入從未實現。

■ ■ ■ ■ ■

如今這些目標仍遙不可及，但如果我們真心想要拆除數位濟貧院並消滅貧窮，我們應該從這份已經存在五十年的要求清單著手。由於勞工階級、甚至一些中產階級很容易掉入貧窮線以下及陷入數位濟貧院最密集的網絡，只要創造出夠多給薪適足的就業機會，即可大幅減少週期性使用公共方案的人數。不過，誠如凱瑟琳．埃丁（Kathryn J. Edin）與盧克．薛佛（H. Luke Shaefer）在《二美元過一天》（*$2.00 a Day: Living on Almost Nothing in America*）中所寫的，工作不見得能解決每個人的問題。他們寫道：「我們需要一個可以提供臨時現金緩衝的方案，因為不管我們採用什麼策略，工作有時還是不管用[4]。」

面對自動化可能導致未來失業大增的擔憂，一種現金援助計畫——無條件基本收入（universal basic income，UBI）——又掀起熱烈的討論。目前芬蘭及加拿大的安大略省正在做ＵＢＩ實驗。二〇一七年五月，夏威夷通過一項法案，宣布「所有家庭……都理當享有基本的經濟保障」，並開始探索ＵＢＩ的實施。臉書執行長馬克．祖克柏（Mark Zuckerberg）、特斯拉創辦人伊隆．馬斯克（Elon Musk）等高科技的創業家也認為，UBI將提供緩衝，讓每個人勇於創新及嘗試新點子。

UBI方案通常每年提供八千到一萬二千美元。原則上，UBI是全民皆可獲得，但在政治實務上，保障適足收入的方案往往只提供給失業或收入低於最低收入線的人。這種方案提供無條件的現金：獲得UBI的人可以工作，可以隨心所欲地消費或儲蓄收到的現金補助。支持UBI的人士涵蓋各種政治意識形態，他們認為基本收入可以彌補工資停滯，減少社福官僚，緩衝經濟蕭條所帶來的衝擊，為低薪勞工補充收入。UBI也可以保障基本的人類尊嚴：不必做藥物檢測，不會監視你養兒育女的方式，也不會監管你的財務狀況。無條件的現金發放是假設窮人與勞工階級很清楚該如何花用金錢及照顧家人。

不過，誠如福利權運動所記取的教訓（福利權運動所提出的「適足收入計畫」與尼克森的「家庭援助計畫」發生衝突）：UBI並非萬靈丹。有些人覺得那是一種賄賂，鼓勵窮人與勞工階級接受自己在政治上、社會上、勞力市場上遭到排擠的狀態。這些方案所給的現金通常很低，即使那些窮人與勞工階級仍從事一些低薪工作，也很難為下一代提供穩定的經濟支援。那也可能導致其他人的薪資縮水，甚至可能導致一些公司制定更不穩定、更剝削的僱傭制度。它可能全面取代福利國家，或導致福利國家的民營化，使人更難以獲得住房補貼、醫療照護、營養補助、兒童保育或職業培訓。

儘管如此，UBI可能是拆除數位濟貧院的重要第一步。數位濟貧院的懲罰性機制包括強制找出詐欺行為，阻止「不配享有福利」的群體獲得福利，製造應制裁的犯罪行為，在持續的資源稀缺氛圍中進行分類篩選。UBI讓數位濟貧院的這些懲罰性機制表露無遺：數位濟貧院是一種過於精密複雜的科技基礎設施，根本是在浪費時間、資源和人類潛力。

減少公共援助方案的懲罰性，擴大其適用範圍，也可以緩解本書提到的無家可歸者服務及兒童保護服務中的許多問題。《洛杉磯時報》的蓋爾・霍蘭（Gale Holland）報導，洛杉磯郡每月有一萬三千個領取公共援助的人變成無家可歸，因為福利既不足又難以維持[5]。每年約有二百六十萬件「兒童不當對待」（child maltreatment）的案件是因為忽視兒童，而不是虐童。提供有保障的經濟緩衝可能消除很多這類案件。

包括金恩博士在內的許多UBI支持者認為，有保障的收入不能取代穩健積極的福利國家。非懲罰性的現金援助系統可能有助於拆除數位濟貧院，但不會終結貧窮。

■ ■ ■ ■ ■

改變對貧窮的文化瞭解及政治回應，是一項艱巨又持久的任務。科技發展不太可能放慢腳步，以等待我們提出新的故事與願景。與此同時，我們需要制定基本的科技設計原則，把科技工具的危害降至最低。

在演講、會議、聚會上，常有工程師或資料科學家來找我討論他們的設計對經濟與社會的影響。我說他們可以回答兩個問題，迅速評估系統的本質：

❶ 那項工具是否增加窮人的自決權與能動力？

❷ 如果把那項工具套用在非窮人身上，那些人是否能容忍？

我在本書中描述的幾項科技工具都沒有達到以上的基本標準，我們應該要求得更多。

當我們為貧窮創造一種新的全國敘事與政治時，也必須開始拆除數位濟貧院。那需要我們發揮想像力，提出全然不同的問題：如果一個資料導向系統的目的，是鼓勵窮人與勞工階級以自己的方式運用資源來滿足他們的需求，它應該如何運作？那些認為貧窮的人、家庭、社區很寶貴又有創意的決策系統是長什麼樣子？此外，我們也需要提高技能，因為保護人權及加強人類能力的高科技工具，比無法保護人權的工具更難開發。

我們可以把底下這份「不傷害」（non-harm）原則，當成新世紀的資料科學家、系統工程師、技客、行政官員的希波克拉底誓詞*（Hippocratic oath）的初稿。

大數據時代的「不傷害」誓言

本人宣誓，盡我所能，遵守此約：

我會尊重所有人的正直與智慧，知道他們最熟悉自己的生活，我樂於與他們分享我的知識所帶來的所有效益。

我會善用我的技能與資源，為人類的潛能搭起橋梁，而不是製造障礙。

我會打造工具來消除資源與需要資源者之間的障礙。

我不會利用我的專業知識來加深種族歧視、階級歧視、能者歧視、性別歧視，恐同心理、仇外心理、跨性別歧視、宗教偏見等過往的偏見及其他形式的壓迫。

我將以史為鑒。忽視四百年來對窮人的懲罰，等於是造成「無意為之」

*醫師誓詞，是西方醫生傳統上行醫前的誓言，裡面列了一些倫理規範。

但可想而知的後果的共犯。逕自假設平等與善意是初始狀態，就會出現這種後果。

我會根據民眾的需求來整合系統，而不是根據資料來整合系統。我會把系統整合視為滿足人類需求的機制，而不是為了方便做隨時隨地的監控。

我不會為了資料而收集資料，也不會因為我能保留資料就收集資料。當知情同意與設計便利有所衝突時，永遠以知情同意為優先。

我不會設計一個損害窮人既有法定權利的資料系統。

我會謹記，我設計的技術不是為了取得資料點、機率或型態，而是為了服務人類。

我們有可能證明，數位濟貧院隔離窮人及汙名化窮人，因此削弱了我們共同的願景。但數位濟貧院也可能產生完全相反的效果。隨處可見的高科技裝置可以讓我們看到我們的奮鬥、希望和夢想如何交織在一起。它可能創造出意想不到的聯盟，就像印第安納州的自動化實驗引發了眾怒，使社福接受者、州政府的社工、非營利機構、地方政府產生同仇敵愾。那張網可能把我們聚在一起，但那種情況不會偶然發生。誠如金恩博士所言：「人類進步永遠不是必然將至[6]。」數位濟貧院勢必會遭到有組織的明顯反抗。

過去十年最鼓舞人心的社會運動，已經開始處理階級歧視與貧窮等問題，但它們並未注意到數位濟貧院在延續經濟暴力上所扮演的角色。「占領華爾街」運動讓大家注意到頂層百分之一的財富暴增，但底下所有人籠統地稱為百分之九十九則讓人看不見中產階級、勞工階級、窮人的生活機會有真正的差別。那場運動為提高最低工資及債務減免帶來了動力，但幾乎沒有提到公共服務。雖然無家可歸者通常是占領運動的一部分，但他們很難成為領導者，他們的問題也很難成為焦點。

「黑人的命也是命」運動（Black Lives Matter）的核心，是肯定所有黑人的生命。那肯定有助於彌合階級分歧，動員各階層的人一起反對警察的暴行，終結大規模監禁，打造相親相愛的穩健社區。發起人艾麗西亞·加爾薩（Alicia Garza）、歐帕爾·托米提（Opal Tometi）、帕特希·庫拉斯（Patrisse Cullors）明確表示，這場運動譴責所有的政府暴力，而不只是警察暴力。「黑人生命運動」（The Movement for Black Lives）是由五十個組織（包括「黑人的命也是命網絡」（Black Lives Matter Network））集合而成，身為這個運動的賠償平臺（reparations platform）的一部分，它呼籲為所有的黑人提供無條件的保障最低收入。

然而，黑人的命也是命運動雖有廣泛的看法，但它最吸引大眾關注的措施，是制止刑事司法系統對黑人身心靈的暴力殘害。公共援助、無家可歸者服務、兒童保護服務中的暴行與不人道行為也應該受到同樣的監督，這種監督應該在社會正義工作中占據應有的地位。我的同事瑪麗艾拉·薩巴（Mariella Saba）是「阻止洛城警局監控聯盟」（Stop LAPD Spying Coalition）的成員，她常提醒我：注意警徽很重要。但社會中的監管無處不在，它們穿著多種制服，不是只有警察制服。

況且，政府不需要靠警察就能扼殺一個人。

■ ■ ■ ■ ■

數位濟貧院會殺人，多數受害者是婦女、兒童、精神病患、老弱殘疾者。他們之中有許多人是窮人與勞工階級的有色人種，也有許多窮人與勞工階級的白人。解決數位濟貧院的問題，可以幫社會進步運動把注意力從「警方」（the police）轉向「監管」（policing）流程。

監管的範疇比執法更廣，它涵蓋了維持秩序、規範生活、關押某些人使他們符合這個不公正的社會。郡立濟貧院是一種法外制度，目的是為了監禁那些沒犯罪的人。科學慈善運動監管窮人與勞工階級的生活長達兩個世代，留下殘酷的結果。如今，數位濟貧院使用高科技工具來推斷與預測：監管那些甚至還沒發生的事件。

我曾經悲觀地擔心，我們反抗「大規模監禁」（mass incarceration）獲勝時，正好發生在數位濟貧院使實體監獄變得不再重要的時刻。大企業早就料到，建立一個沒有圍牆的數位監獄國家可以節省龐大的成本。例如，二〇〇二年德勤發布的報告《瓦解公共部門》（*Public Sector, Disrupted*）指出，「以電子監控來改造刑事司法」是政府服務領域「破壞性創新的機會」。

一張圖可以馬上說明他們的觀點。左邊有一個人關在監獄裡，中間是一個等號，右邊是五個半的人戴著電子腳鐐。數位濟貧院的暴力不像警方暴行那麼殘暴直接，其運作比較難發現，但我們必須抵制它的道德分類，抵制它對歷史、背景、架構的抹煞。

揭露數位濟貧院的殘酷需要很大的勇氣。窮人與勞工階級必須挺身而出，揭露親身體驗，肯定彼此的共同遭遇與相異之處，藉此建立一個難以撼動的聯盟。由於多年來種族一直是分裂我們的核心因素，所以首要之務是擴大並培養窮人運動的反種族歧視能力。不過，正視很多進步組織中根深柢固的階級歧視也一樣重要。一場真正的革命將從人們所在的地方開始，它將從人類基本的物質需求（安全、住所、健康、糧食、家庭）吸引他們參與。它將重視窮人與勞工階級的深厚知識、力量、領導力。

與此同時，中產階級與富人必須承認經濟不平等所造成的龐大苦難，承認他們應負的責任，並重新評估他們在打造一個更公正的世界中所扮演的角色。對於擁有專業知識、工具、時間、金錢等豐富資源的科技專業人士來說更是如此。雖然許多技術專業人士可能在不知情下參與數位濟貧院的建造，他們更應該善用工具來拆除數位濟貧院。

金恩博士在一九六八年三月三十一日的布道中，呼籲那些「反對向貧窮宣戰的人」發揮道德良知。他以宏亮的聲音，站在國會大廈，沉穩莊嚴地說道：

這是美國面臨的問題。一個偉大的國家歸根結底是一個慈悲的國家，但美國並未履行它對貧民的義務與責任。

終有一天，我們不得不站在上帝面前，談論我們的所作所爲。沒錯，我們可以說我們興建了跨海大橋，興建了直通雲霄的高樓。沒錯，我們製作的潛艇可以潛入深海，我們運用科技發明了很多其他的東西。

但我似乎聽見上帝在說：「這還不夠！我依舊食不果腹，衣不蔽體，沒有乾淨像樣的房子可住，你不給我吃穿，不給我溫飽，不給我容身之處，因此，你不能進入偉大的王國。弟兄們，你們對待最需要幫助的人如此，就是對我如此。」這就是當今美國面臨的問題。

五十年後的今天，金恩博士提出的問題變得更加嚴峻。他沒料到，他曾經頌揚的科技奇蹟可能拿來對付窮人。我們的道德發展依然落後科技革命。更重要的是，由於我們的國家未能解決金恩博士所說的最重要挑戰——消除種族歧視與終結貧窮，數位革命已經扭曲變形，以適應這個依然不平等的世界。

我們同樣也會面對正義之神，談論我們的所作所為。我們設計出可像人類一般交談的機器人程式，打造出自駕車，甚至開發出可拿來記錄警方濫權及動員大眾抗議的應用程式。

然而，上帝依舊說道：「這還不夠！」

謝辭

本書的核心，是那些生活在印第安納州、洛杉磯、阿勒格尼郡數位濟貧院裡的人的故事。許多同意談論親身經歷的人都冒了極大的風險，他們可能因此失去救命的醫療服務、食物、住房、孩子的監護權。此外，回憶過往記憶往往痛苦不堪。對於每位願意分享故事的人所展現的勇氣，我深感敬佩。我希望我以他們應得的尊重與準確性，在本書中呈現出事情的真相。

許多人給了我意見與鼓勵，但有幾位特別值得一提。尼克·馬圖利斯（Nick Matulis）仔細閱讀了這份手稿的每個字句，有時甚至讀了好幾遍，並提出寶貴的編輯意見。他嚴格地審查內容，敦促我寫得更緊湊一點，以免失去故事的精采度。阿萊西亞·瓊斯（Alethia Jones）利用搭地鐵的時間、週末硬擠出來的時間，以及夜深人靜的時刻，閱讀這份書稿。她讀得又快又認真，讓我不得不達到更高的標準。她的正直讓我想到，一本書也可以啟動一場對話，召喚大家行動。派翠西亞・斯特拉赫（Patricia Strach）的意見既廣又深，我們的交流使這本書變得更紮實，她的堅定支持幫我克服了過程中的疑慮。娜迪亞・勞森（Nadya Lawson）的表達方式總是比我貼切，感謝她的協助。

謝謝阿德里安・妮可・勒布朗（Adrian Nicole LeBlanc）在令人擔憂的時刻挺身而出，不斷支持這本書的出版。

感謝聖馬丁出版社（St. Martin's）的編輯伊麗莎白・戴斯嘉（Elisabeth Dyssegaard）願意為這本書和我冒險。感謝她在我動筆時對我有信心，在我掙扎時給我彈性，在我需要有人敦促完稿時所展現的堅持。感謝聖馬丁出版社的其他成員不斷地敦促、刺激、修潤，直到這本書達到最佳狀態：勞拉・阿普森（Laura Apperson）、艾倫・布拉德肖（Alan Bradshaw）、勞里・弗里伯（Laury Frieber）、莎拉・貝克斯（Sarah Becks）、丹尼爾・普里列普（Danielle Prieliep）。

我的經紀人山姆・斯托洛夫（Sam Stoloff）答應以最棒的幽默感來應對一切。他不僅支持我，也是我堅定的盟友、敏銳的讀者、信賴的知己。

我的事實查核者斯蒂芬妮・麥克菲特斯（Stephanie McFeeters）是個敏銳又嚴謹

的英雄，她發現的錯誤比我願意承認的還多。

感謝妮娜・鮑德溫（Nina Baldwin）、卡羅爾・尤班克斯（Carole Eubanks）、茱麗・諾夫科夫（Julie Novkov）、梅麗莎・索恩（Melissa Thorne），以及紐約夏蒂科克鎮（Schaghticoke）代佛圖書館作家小組（Diver Library Writers' Group）為我的手稿提供寶貴的見解，並讓我充滿了勇氣。謝謝傑西・斯蒂爾斯（Jesse Stiles）、奧利維亞・羅賓遜（Olivia Robinson）、勞倫・艾倫（Lauren Allen）、里奇・佩爾（Rich Pell）讓我在匹茲堡有賓至如歸的感覺。

我撰寫手稿的過程中，一直很珍惜我與「我們的資料體」（Our Data Bodies）團隊的持續交流：西塔・佩納・甘格達蘭、塔米卡・路易斯（Tamika Lewis）、塔瓦納・佩蒂（Tawana Petty）、瑪麗艾拉・薩巴。他們的投入、幽默和見解讓我不斷地提高「我想成為什麼樣的人」及「我想實現什麼目標」的標準。

如果沒有新美國機構（New America）的福特學術補助金（Ford Academic Fellowship），這本書不可能寫成。我在印第安納州、洛杉磯、阿勒格尼郡的報導，很大一部分是由這筆補助金資助的。我要特別感謝安德烈・馬丁內斯（Andres Martinez）和彼得・卑爾根（Peter Bergen）。此外，二〇一五年新美國的同屆學員與員工都是我的良師益友，尤其是莫妮卡・波茲、安德里亞・艾利奧特（Andrea Elliott）、富斯・霍根（Fuzz

Hogan）、貝奇・謝弗（Becky Schafer）、克里斯汀・伯格（Kristen Berg）、瑞秋・布萊克（Rachel Black）、阿萊塔・斯普拉格（Aleta Sprague）、伊麗莎白・溫加頓（Elizabeth Weingarten）、安德魯・博爾登（Andrew Bolden）、克里斯托弗・倫納德（Christopher Leonard）、格蕾塔・拜魯姆（Greta Byrum）、安迪・古恩（Andy Gunn）、瑞恩・格里蒂（Ryan Gerety）、喬許・布萊巴特（Josh Breitbart）。新美國的 TDM 團隊，尤其是麗莎・沃森（Lisa Watson）與范妮・麥基森（Fanny McKeithen），在我家陷入非常黑暗的時刻，救助我的家人，我永遠感激不盡。

這本書也因為兩個駐村寫作機會在關鍵時刻出現而得以問世。我要感謝哈麗特・巴洛（Harriet Barlow）、班・特拉德（Ben Strader）、佐哈爾・吉特利斯（Zohar Gitlis），以及藍山中心（Blue Mountain Center）所有的工作人員與支持者。我也要感謝其他駐村作家，尤其是安德里亞・奎哈達（Andrea Quijada）、莫妮卡・埃爾南德斯（Monica Hernandez）、凱瑟琳・薩克利夫（Kathleen Sutcliffe）、馬林・瓦茨（Marin Watts）在傑森遇襲以及我在森林中迷路時幫助我。

凱利全球公益機構（Carey Institute for Global Good）提供我「羅根非小說研究補助金」（Logan Nonfiction Fellowship），讓我在關鍵時刻有機會休息，集中精力寫作。感謝（Tim Weiner）的支持與大方試閱書稿。感謝卡羅・艾許（Carol Ash）、加雷斯・

克勞福德（Gareth Crawford）、喬許・弗里德曼（Josh Friedman）打造這個難能可貴的資源，感謝塔米・庫克（Tammy Cook）、喬許・莫瑞（John Murray）和其他工作人員讓這裡持續運作。

我非常感謝我的雇主紐約州立大學奧爾巴尼分校。女性、性別與性研究系（Department of Women's, Gender, and Sexuality Studies）的學生與同仁為我提供了一個充滿活力與挑戰的家園。政治系的同仁為我提供了便利性與支持，讓我能夠展開這項工作。

最後，我最要感謝的是我的伴侶傑森・馬丁（Jason Martin），他在四年充滿冒險的改變、災難和復原中，展現出非凡的風度、誠實與勇氣。即使他自己受到打擊，他仍設法扶助我。他是我行過地獄之路的最佳伴侶。

接下來的注釋是為了提供精確的來源資訊，為我的報導流程提供透明度，也為讀者提供一些對我的思考很重要但書中並未直接引用的素材。在自動化決策、演算法問責、數位歧視的新形式等方面，出色的研究愈來愈多。我希望下列的資料可以幫讀者更深入瞭解資料時代的前景，以及自動不平等的危險。

我在底下列出我做的所有採訪，包括我在書中明確引用及未引用的採訪。我非常感謝每位大方接受我訪問的人，他們的分享讓我更瞭解這個議題。當然，這裡不會列出少數幾個選擇不公開姓名的資料來源。

我在每個地方的報導，都是先去找那些與最直接受到影響的家庭密切合作的組織。印第安納法律服務處、印第安納州的美國公民自由聯盟、「世代專案」幫我聯繫到那些在自動化資格認定系統上線時中失去福利的人。洛杉磯社區行動網、市區婦女中心、南洛杉磯的返家路庇護所介紹我認識參與協調入住系統的無家可歸者。阿勒格尼郡各地的家庭支援中心介紹我認識那些被阿勒格尼家庭篩查工具評分的父母。

我比較喜歡親自採訪。我兩次前往印第安納州進行長時間的研究，第一次是二〇一四年十二月，第二次是二〇一五年三月。我前往洛杉磯做研究五次，分別是二〇一五年一月、二〇一五年五月至六月、二〇一五年十二月、二〇一六年二月和二〇一六年五月。我去阿勒格尼郡做研究四次，分別是二〇一六年七月、八月、九月和十一月。這類研究最短停留六天，最長停留近一個月。一些後續的訪談是透過電話進行。我很少只透過電話或視訊方式採訪資料來源人士。

書中使用的訪談內容是逐字記錄。有些因篇幅太長，只節錄部分內容。書中引用採訪內容時，我直接放在引號中。有時引述會稍做編輯以釐清用意。未逐字引用的受訪內容，是受訪者對過往事件的回憶，或是我把較長的訪談記錄與筆記濃縮轉述的結果。

我以化名（桃樂絲・艾倫）來稱呼多年前答應以匿名方式參與學術研究的一位人士，我也應一位受訪者的要求隱其姓氏。此外，如第四章所註，史蒂芬與克里斯多夫也是化名。除此之外的其他引述者都是以全名出現。

編輯本書原文版的最後階段，我聘請了一位專業的事實查核人士來核實書稿。她的洞察力、專注力、勤奮努力對我講述的故事非常重要。她檢查了我的歷史研究，與資料來源人士交談，閱讀採訪筆記，觀看公開聽證會的影片，閱讀報紙報導，詳讀我的報導筆記，以核實書中人物的身分與事件。

注釋

第一章

1. State Board of Charities, 1905.

2. Massachusetts General Court Committee on Paupers Laws and Josiah Quincy 1821: 14.

3. Ibid: 10.

4. Katz, 1996.

5. 1857 年的一份報告顯示，過去一年間，紐約州阿爾斯特郡濟貧院的 177 名囚犯中，有 50 人死亡。另參見 David Wagner, *Ordinary People*: "for nearly thirty years almost every one of the many hundreds of foundlings sent to [Massachusetts state poorhouse] Tewksbury died." (Wagner, 2008: 25).

6. Trattner, 1999: 53–54.

7. *The Washington National Republican*, 1877, quoted in Bellesiles, 2010: 144.

8. Richmond, 1917: 39.

9. Almy, 1910: 31.

10. Priddy from Lombardo, 2008: 128; Buzelle from Trattner, 1999: 100.

11. *274 U.S. 200* (1927), Justia U.S. Supreme Court Center, https://supreme.justia.com/cases/federal/us/274/200/case.html#207. [Accessed July 21, 2017.]

12. Peel, 2007: 133.

13. Nadasen, 2012: 18.

14. Kennedy, 1963.

15. Nadasen, 2012: 12.

16. Ibid: 107.

17. Gilens, 2003: 102.

18. Jackson and Johnson, 1973: 201.

19. Rockefeller, 1959.

20. New York State Department of Social Services, 1975: 1.

第二章

1. Schneider and Ruthhart, 2009.

2. Sedgwick, 2006.

3. Daniels, 2007.

4. Greenhouse, 1990.

5. Corbin, 2009.

6. Kusmer, 2009.

7. Complaint for Damages and Declaratory Relief, *State of Indiana v. International Business Machines Corporation*, 2006: 22.

8. Finding of Fact, Conclusions of Law, and Judgement for IBM, *State of Indiana v. International Business Machines Corporation*, 2012: 35.

9. Ibid: 4–9.

10. Riecken, 2010: 13A.

11. Higgins, 2009: A1.

12. " 'Welfare Queen' Becomes Issue in Reagan Campaign," 1976.

13. Ernst, 2013.

14. Soss, Fording, and Schram, 2011.

15. Leadership Conference on Civil Rights, 2000.

第三章

1. Boyle, 1947.

2. Lopez, 2005.

3. Irvine, 1939.

4. Posey, nd.

5. Culhane, 2016.

6. OrgCode Consulting Inc. and Community Solutions, 2015: 5–6.

7. Cunningham, 2015: 1.

8. O'Brien, 2008: 693.

9. Ibid.

10. Gustafson, 2009: 669.

11. Blasi, 2008.

12. Lyon, 2003.

13. Gandy, 1993: 1–2.

第四章

1. U.S. Centers for Disease Control and Prevention, nd.

2. The Independent Committee to Review CYS (The Murray Report), 1995: 5.

3. Putnam-Hornstein and Needell, 2011: 2406.

4. Vaithianathan, 2013: 355.

5. Wilson, 2015: 511.

6. TCC Group, 2015: 5.

7. See, for example, Baxter 2013.

8. Vaithianathan, 2016: 35–41.

9. Ibid: 12.

10. Ibid: 15.

11. Collier, 2010.

12. O'Neil, 2016: 21.

13. Rauktis, 2010.

14. Birckhead, 2012.

15. 模型中剩下的一半變數包括家庭中的兒童年齡與數量、父母年齡與數量、被告的特徵、舉報人、心理健康狀況、吸毒情況。

16. U.S. Dept. of Health and Human Services, 2015.

17. 切爾納指出，系統不會把模型中的所有預測變數都詮釋成負面的。例如，系統可能把「使用公立的心理服務」詮釋為一種正面、保護性的因素，那可能使你的 AFST 分數下降，而不是上升。遺憾的是，我請維蒂亞娜森與普特南－霍恩斯坦公布變數的權重時，她們拒絕了。公開權重可以釐清每個因素對模型的重要性，以及它和 AFST 分數究竟是負相關還是正相關。

第五章

1. Rank, 2004: 102–3.

2. Killgrove, 2015.

3. Ehrenreich, 1989.

4. Cohen, 2016.

5. Gandy, 2009.

6. Gangadharan, 2012.

7. Wong, 2016.

8. Brennan, 1988: 22.

9. O'Neil, 2016: 38.

10. Vaithianathan, 2016.

11. Cohn, 2015. Conclusion

結語

1. Kotz, 1977: 249.

2. Potts, 2014.

3. King, 1968a: 1.

4. Edin and Shaefer, 2015: 168.

5. Holland, 2015.

6. King, 1968b.

視野 90

懲罰貧窮

大數據橫行的自動化時代，隱藏在演算法之下的不平等歧視

Automating Inequality：How High-Tech Tools Profile, Police, and Punish the Poor

作　　者：維吉妮亞．尤班克斯 Virginia Eubanks
譯　　者：洪慧芳
責任編輯：林佳慧
校　　對：林佳慧
封面設計：莊謹銘
美術設計：廖健豪
寶鼎行銷顧問：劉邦寧

發 行 人：洪祺祥
副總經理：洪偉傑
副總編輯：林佳慧
法律顧問：建大法律事務所
財務顧問：高威會計師事務所
出　　版：日月文化出版股份有限公司
製　　作：寶鼎出版
地　　址：台北市信義路三段 151 號 8 樓
電　　話：（02）2708-5509　傳真：（02）2708-6157
客服信箱：service@heliopolis.com.tw
網　　址：www.heliopolis.com.tw
郵撥帳號：19716071 日月文化出版股份有限公司

總 經 銷：聯合發行股份有限公司
電　　話：（02）2917-8022　傳真：（02）2915-7212
印　　刷：中原造像股份有限公司
初　　版：2022 年 4 月
定　　價：380 元
I S B N：978-626-7089-38-5

國家圖書館出版品預行編目資料

懲罰貧窮：大數據橫行的自動化時代，隱藏在演算法之下的不平等歧視／維吉妮亞．尤班克斯（Virginia Eubanks）著；洪慧芳譯 . -- 初版 .
-- 臺北市：日月文化出版股份有限公司, 2022.04
336 面；14.7×21 公分 . --（視野；90）
譯自：Automating Inequality : How High-Tech Tools Profile, Police, and Punish the Poor
ISBN 978-626-7089-38-5（平裝）
1.CST: 貧窮 2.CST: 科技社會學 3.CST: 資料處理 4.CST: 美國

548.16　　111001864

日月文化集團
HELIOPOLIS
CULTURE GROUP
客服專線 02-2708-5509
客服傳真 02-2708-6157
客服信箱 service@heliopolis.com.tw

廣告回函
台灣北區郵政管理局登記證
北台字第 000370 號
免貼郵票

日月文化集團 讀者服務部 收

10658 台北市信義路三段151號8樓

對折黏貼後，即可直接郵寄

日月文化網址：**www.heliopolis.com.tw**

最新消息、活動，請參考 FB 粉絲團

大量訂購，另有折扣優惠，請洽客服中心（詳見本頁上方所示連絡方式）。

大好書屋　寶鼎出版　山岳文化

EZ TALK　EZ Japan　EZ Korea

大好書屋・寶鼎出版・山岳文化・洪圖出版　EZ叢書館　EZKorea　EZTALK　EZJapan

日月文化集團
HELIOPOLIS
CULTURE GROUP

感謝您購買 **懲罰貧窮** 大數據橫行的自動化時代，隱藏在演算法之下的不平等歧視

為提供完整服務與快速資訊，請詳細填寫以下資料，傳真至02-2708-6157或免貼郵票寄回，我們將不定期提供您最新資訊及最新優惠。

1. 姓名：＿＿＿＿＿＿＿＿　性別：□男　□女
2. 生日：＿＿＿年＿＿＿月＿＿＿日　職業：
3. 電話：（請務必填寫一種聯絡方式）
   （日）＿＿＿＿＿（夜）＿＿＿＿＿（手機）＿＿＿＿＿
4. 地址：□□□＿＿＿＿＿＿＿＿
5. 電子信箱：＿＿＿＿＿＿＿＿
6. 您從何處購買此書？□＿＿＿＿＿縣/市＿＿＿＿＿書店/量販超商
   □＿＿＿＿＿網路書店　□書展　□郵購　□其他
7. 您何時購買此書？　年　月　日
8. 您購買此書的原因：（可複選）
   □對書的主題有興趣　□作者　□出版社　□工作所需　□生活所需
   □資訊豐富　□價格合理（若不合理，您覺得合理價格應為＿＿＿＿）
   □封面/版面編排　□其他＿＿＿＿＿＿＿＿
9. 您從何處得知這本書的消息：□書店　□網路／電子報　□量販超商　□報紙
   □雜誌　□廣播　□電視　□他人推薦　□其他
10. 您對本書的評價：（1.非常滿意 2.滿意 3.普通 4.不滿意 5.非常不滿意）
   書名＿＿＿　內容＿＿＿　封面設計＿＿＿　版面編排＿＿＿　文/譯筆＿＿＿
11. 您通常以何種方式購書？□書店　□網路　□傳真訂購　□郵政劃撥　□其他
12. 您最喜歡在何處買書？
   □＿＿＿＿＿縣/市＿＿＿＿＿書店/量販超商　□網路書店
13. 您希望我們未來出版何種主題的書？＿＿＿＿＿＿＿＿
14. 您認為本書還須改進的地方？提供我們的建議？

＿＿＿＿＿＿＿＿＿＿＿＿＿＿＿＿
＿＿＿＿＿＿＿＿＿＿＿＿＿＿＿＿
＿＿＿＿＿＿＿＿＿＿＿＿＿＿＿＿
＿＿＿＿＿＿＿＿＿＿＿＿＿＿＿＿

視野 起於前瞻，成於繼往知來

Find directions with a broader VIEW

寶鼎出版